〈セレクション〉
関口存男
ニイチエと語る

AUSERLESENE
WERKE
VON
PROFESSOR
SONDERN

三修社

セレクション関口存男
ニイチエと語る

目 次

ことわざ ……………………………………………… 3
言は事なり …………………………………………… 7
マルティン・ハイデッゲルと新時代の局面 序・解説 ……… 27
ニイチエと語る ……………………………………… 33
獨逸文學とわれら …………………………………… 57
Doch とは何ぞや？ ………………………………… 71
言語に於ける『可能性の濫用』 …………………… 81
言語と思想 語學は人を俗物にする ……………… 101
語學メトーデ論 カチヤツといふ音 ……………… 109
言語と思想 Deutsche Gründlichkeit und
　　　　　　deutsche Umständlichkeit …………… 123
言語と思想 Differenzierung ……………………… 133
言語と思想 Ethos ………………………………… 137
獨學とは何ぞや？ ………………………………… 163
随筆 『科學する心』 ……………………………… 169
随　想 ………………………………………………… 183
たけくらべ ………………………………………… 187
五十年の人生に間に合へ！ ………………………… 191

ことわざ

Aller Anfang ist schwer.
アルレル アンファング イスト シュヴェール

初めは何でもむずかしい

　ドイツ語の初歩も同様といいたいところですが，残念ながらこいつはあまりむずかしくない。Aller が「すべての」で，Anfang が「発端は」で，schwer が「むずかしく」で，ist が「ある」だと聞いてしまえば，あとはもう何の問題もない。ちょっとでも英語をやったことのある人なら，Aller の All- が英語の *all*「オール」に相当するくらいのことは必ずしも三日三晩頭痛ハチマキで考えなくてもわかるでしょうし，ist が英語の *is* だということがどうしても頭へはいらんからそれを研究するためにわざわざこれからドイツへ行って来るというほどのこともないでしょう。

　頭へはいらないということは，それは絶対にない。頭へは必ずはいる。ただいざという時に出てこないだけの話です。

　だから，Aller Anfang ist schwer はドイツの有名なことわざではありますが，これをドイツ語の初歩に適用するといふと，必ずしも肯綮(こうけい)にあたって跳ねかえってまたもう一度あたってまた跳ねかえってくるほどの絶対確実な真理とはいえない。ドイツ語の際にあっては，むしろ Aller Anfang ist leicht ［**アレル・アンファング・イスト・ライヒト**］すなわち「すべての発端は容易なり」といった方がよいかと思います。

　では，発端は容易ということに決めて，さてその次はどうか，中程はどうか，終わりごろはどうかというに，これは初めのやり方によってどうにでもなるようです。後を容易にせんとする人は初めをしっかりやったがよろしい。それに反して後でなんにもわからなくなりたい人は初歩の内をできるだけ不熱心にお

やりになるのが処置の最も当を得たるものであることはわれわれの信じて絶対に疑わざるところであります。

Irren ist menschlich.
イルレン イスト　　メンシュリヒ

迷うは人の常なり

　弘法も筆の誤り，猿も木から落ちる，お前さんの鼻だってよく見りゃちょっと曲ってる，というのがこれが人生の事実なんですが，この「迷うは人間的なり」という格言は，それらよりももっと深い意味に応用することができましょう。

　と申しますのは，同じ迷誤といってもいろいろあります。ちょっとした不注意な間違いもあれば，根本的な認識不足から発する重大な迷いもありましょう。換言すれば, Vergehen［フェルゲーエン］（過失）と Irren［イルレン］（迷い）とはだいぶちがいます。Vergehen は，まさか犯すつもりで犯すのではないが，Irren は，当人自身が実際迷うつもりで迷うので，確信をもって迷うのだから，人に注意されてもそう簡単には気がつきません。

　その Irren をすらも人間的なりとして弁護したところに，弘法も筆の誤り，猿も木から落ちる，など以上の深さがうかがわれます。

Eile mit Weile.
アイレ　ミット　ヴァイレ

ゆるゆる急げ

　いったい何カ月くらいやったらドイツ語の原書の一つも読みこなせるようになるか？

　あたりまえにやっていたのでは何カ月やってもだめです。相当急がなくてはなりません。——ただし，せかせかと急いだのではだめで，ゆるゆると急ぐ必要があります。

　この点はドイツ人の国民性に学ぶがよろしい。ドイツ人は「勇往邁進」の国民であると同時に，「無神経」なほど落ちつき払った人種です。ちょっと見ると馬鹿かと思うほど鈍いが，しばらく見ていると，ちゃんと二三歩前へ前進している。

　Weile は「余裕」という名詞で，mit は英語の *with* に当る前置詞ですから，mit Weile は「余裕をもって」すなわち「ゆるゆると」の意です。Eile は，「急ぎ」という名詞でもあり，同時に eilen（急ぐ）という動詞の命令法でもありますから，このことわざは「**余裕を伴う急進**」と名詞的に用いることもあり，また「**余裕をもって急げ**」という命令文として用いることもあります。要するにほぼわが国の「急がば回れ瀬田の唐橋」というのに相当します。

言は事なり

言(こと)は事(こと)なり

關 口 存 男

太初に言あり、言は神と偕にあり、言は神なりき。(ヨハネ傳第一章第一節)

先生 えー、例によつて其の所謂馬鹿の一つ覺え式で行きますが、要するに接續法と云ふのは日本語で「と」を附ける時に用ひる形式なんで、たとへば、彼女は彼女が私を愛する「と」主張する、その「愛すると」といふ定形が……

生徒甲 接續法の第一式になるんでせう？ わかりました。先生、今日は何かお話にして下さい。

先生 では何か例をとつてお話致しませう。たとへば Er sagt, daß ich……

生徒甲 (傍白)駄目だ、此の調子ぢやあ。おい君、一寸何か質問して脱線させつちまつて吳れないか。

生徒乙 (低聲)よし來た。(高聲)先生！ 接續法は獨逸人の國民性とどんな關係がありますか。

先生 何の關係もありません。

生徒乙 (甲に)おい、何の關係もねえとよ。

生徒甲 下手だね君は。ぢやあ僕がやつて見よう。(大きな聲で)先生！ 先生！

先生 何ですか？

生徒甲 一寸質問があります。といふよりはむしろ緊急動議なんですがね。先生の所謂その系統的つて奴は、勿論結構は結構なんですが、あんまり徹底し過ぎると、やはり多少單調になつてしまつて、遂には我々を眠り込ませる效果しかない事にな

つて來ますから、たまには、文法の進行と何の關係もない樣な話をして下さい。

先生　さうですか、では一つ何か面白いお話を致しませう……

生徒甲　（乙に）へん、どんなもんだい。

先生　……とでも云つたら嬉ぞ諸君は喜ぶでせう。これを稱して約束話法といふ。約束話法もしくは非現實話法です。形式は第二式接續法を用ひます。

生徒甲　（傍白）いけねえ！

先生　（聲色を勵まして）少し皆さんの反省を促しておきます。授業時間はたつた一時間ですよ。一時間の注意集中が出來ない樣な人はドイツ語なんか止めつちまつたが好い。そんな人は抑もメンタルテストの上で落第です。心理的に缺陷がある。榮養不良なんでせう。陰萎なんだ。一たいに現代人は精神的にイムポテント患者だ。トツカピンでも飮め！　自己を鞭打つ事を知れ！　勞働者の樣な食慾を持て！　智識慾といふものは、食道樂とは違ふ！　何か變つた美味いものは無いか……そんなのが智識慾ではない。山海の珍味を少しづゝ數多くちよいちよいと舐めて見たい……そんなお上品なのは智識慾ではない。大きなカツレツを五六枚食つて見たい！　これが智識慾だ！

生徒甲　（乙に）始まつたよ。

生徒乙　（點頭いて）始まつたね。

先生　これを要するにです。智識慾といふものと好奇心といふものとの間には非常な懸隔があります。Theodor Vischer といふ、十九世紀の批評家が Auch Einer〔これまた一匹の人間〕といふ奇著の中で、こんな事を云つてゐます。

（黑板に書く）

生徒乙　もう完全に脱線しちやつたね。

生徒甲　立往生だね。僕の功績だよ。君は謂はゞ機關車の中

へ飛び込んでブレーキをかけようとしたから失敗したんだ。僕は亂暴にも線路の眞中に立ち塞がつたといふ譯だ。怒つても呶鳴つても、とめない譯には行かないからね。要領といふのは斯ういふ所にあるんだよ。要領よくやらうとしない事、これを稱して要領といふんだ。

先生　（黒板を指して）どうです、解りますか？

Für die Menschen gilt: je weniger Wißbegierde, desto mehr Neugierde.
凡そ人間は斯くの如し、智識慾なき者に限つて好奇心に富む。

けだし道破し得て妙なるものがあるですな。――勿論この譯は遂字譯(ママ)ではありません。直譯すれば、für die Menschen〔人間に對して〕gilt〔通用す〕je weniger Wißbegierde〔智識慾少き程〕desto mehr Neugierde〔好奇心益々多し〕です。通用するといふ定形は、gelten から來てゐます。規則動詞だつたら geltet となる筈ですが、これは不規則動詞です。（第二卷文法 133 頁の下、及び卷末の不規則動詞一覧表参照※）gilt には、一見主語がない樣に見えますが、je 以下全部の文章が主語となるのです。für etwas gelten〔或物に對して通用する〕といふのは、或物に對して斯々の事が云へる、眞である、といふ事です。それから、Wißbegierde と Neugierde とが形としてよく似てゐる所に注目して頂きたい。Begierde 又は Gier は、慾望といふ事です。だから一寸日本語では出ない語呂があるわけですね。

生徒　先生、ドイツ語には、一寸日本語に譯されない樣な字があるでせうね。

先生　ありますね。

※『独逸語大講座 第 2 巻』（1931 年 2 月 15 日初版発行　外国語研究社）
　［関口存男著作集　ドイツ語学篇 5 所収］

生徒 そんなのは、實際はどういふ風にしてやつてゐるのですか？

先生 その場合場合で適當にやつてゐるといふの外はありませんね。けれども、其處にはおのづから方針といふものがあります。

生徒 その方針といふのは？

先生 其の方針といふのは、大體二つにわかれます。少し微妙な區別になりますが、一つは「解釋」の方を主にして、その譯語を聞いただけで大たい意味がわかるやうにするといふ方針です。

生徒 それが當然だらうと思ひますが、それ以外の方針もあるのですか。

先生 あります。譯語だけでは一寸何の事だか解らないが、それが度々使はれるうちに段々とみんなにわかつて來る、と云つたやうな事をあてにしてやる譯語もあります。勿論そんなのは、第一の方針の方で行ける時にはやりません。どうしても譯語を作る事が出來ない時、たとへどんな譯語を持つて來ても原意にあてはまらない時、或ひは原語の意味が、あまりに常識的な日本語のためにゆがめられてしまふ虞れのある時等には、なまじつか解釋なぞはつけないで、まあ何だつて構はない、勝手な字を造つて、それを暴力的に流行らせてしまつた方が、かへつて結果が好いことがあります。

生徒 さうですかねえ。でも、そんなのを一般的にするには隨分骨が折れるでせうねえ。政府の力でも借りてやるのなら格別、個人の力では出來ない事ですね。

先生 ですから、それは學術用語に限られます。專門家の中でなら、たとへ原語の儘を使つたつて一向差し支へはないのですからね。

生徒 けれども、それがもし、思想の問題なぞに關係があつ

て、すぐ一般人にも興味があると云つたやうな際にはどうでせう。ドイツ語の原語を知つてゐる人は好いが、ドイツ語を知らない人々は、ずゐぶんつまらない事が急にわからなくて弱るわけですね。たとへば近頃の學者なぞの書くものは自分では大抵わかつてゐるのだらうが、少くとも私には絕對にわからない事が多々ありますね。彼等は、あんまりドイツ語なぞを讀みすぎて、ドイツ語の文章を日本語の單語で綴つてゐるのではないでせうか？

先生 多少さう云ふ點がありますね。けれども、自分でも本當にわかつてゐるのなら、なんとかして人にもわからせる事が出來る筈です。罪は彼等自身の智識が消化れてゐないと云ふ點にも多少あると見て好いでせう。――けれども、精神界の現象は、我々が此處で簡單に裁いてしまふにしては餘りに複雜です。私自身にも經驗がありますが、實際表現法といふものはむつかしいものです。西洋人にはやはり西洋人らしい「考へ方」といふものがある。それに對する譯語が無いのはむしろ當然なんで、日本人には第一さういふ「考へ方」が無いと云ふ場合が澤山あります。獨逸語をやると云へば、それは單にドイツ人の使つてゐる言葉を習ふといふだけの努力ではない、其の他になほドイツ人の考へ方を學ぶ必要があるのです。一寸ドイツ人と會話をするといふだけでも、もう第一「言ひ現はし方」ばかりではなくて、何を云ふべきか、といふ、其の「何」の方がむしろ問題になつて來るのです。ましてや學術の方の問題になつて來れば益々さうです。文學藝術だつてさうです。語學が機緣になつて、我々の頭の中には、今までに無かつた思惟の形態が生じて來なければならないのです。佛教と漢文との間に存する不卽不離の關係が直ちに以て語學と白晳(ママ)人種文化との間の關係です。現在の日本語が段々と西洋化して變な具合になつてきたといふ事は事實です。學者の用語が固い直譯調になつて、新聞までがその

影響を蒙り始めてゐる事は事實です。それは或ひは憤慨すべき事實ではありませう、けれども事實は事實です。事實は子供の如く無邪氣で、泣く兒と事實には勝たれぬといふ諺があります。

生徒　地頭ぢやありませんか？

先生　まあ大體同じやうなものです。

生徒　すると先生は、長いものには卷かれろ主義なんですね。

先生　いゝえ、さうぢやありません。長い物は卷いちまへと云ふ主義です。長い物なら、こつちから進んで卷いちまつた方が好い。

生徒　詭辯だなあ。

先生　いゝえ、詭辯ぢやありません。事實に負けるなと云ふのです。世の中を恨んだり、一般の傾向に憤慨したりするといふ事は、それは或種の意味に於て、社會に對する個人の敗北を意味します。負けたから恨むのです。勝つた人間なら「恕し」ます。それも澁々恕すのではなく、心から、笑つて、磊落に恕します。恕したつて自己の方が事實の上に於て優越の地位にゐることを歇めない事を知つてゐるからです。優越感ほど寛大なものはありません。偉い人間ほどお人の好いものはない。強い男ほど無邪氣なものはない。太陽ほど可愛らしいものはない。獅子ほどほがらかなものはない。

生徒　わかりました。ところでそれがどうだと云ふのです。

先生　えーと、何の話をしてゐたのだつけ。

生徒　（傍白）好い風向きだね。（先生に）譯語の問題ですよ。

先生　さうださうだ、譯語の問題だ。要するに、原語と譯語との間には微妙な關係があつて、原語を以て譯語を虐待するのは偶にはよろしいが、譯語を以て原意を虐待するのは甚だよろしくない。だからたとへば近頃盛んに用ひられる哲學上の術語としての aufheben を、揚棄、揚止、止揚、なぞと、飛んでもない新造語で言ひ表はすといふのは、隨分亂棒な樣で、その實決

してさうではない。流行らなければ失敗だが、流行ればそれで好いのです。

生徒 先生、揚棄といふのは一たい何の事です。

先生 さあ、それは一寸簡単には說明し難い。

生徒 ぢやあ長つたらしくお願ひします。

先生 なんだか其の手に乘つたやうで氣持が惡いな。

生徒 其の手だと思はないで、親舟だと思つて安心して乘つて下さい。

先生 乘りかけた舟だから乘つちまはうか。

生徒 さうしませうよ。どうせ……

先生 何だつて？

生徒 で、その、揚棄といふのは？

先生 揚棄といふのは、隨分奇拔な樣だけれども、一理屈ある譯語なんです。本當にこれを譯した人の氣持になつて考へて見ればですね。aufheben! この一語の意味を說明するといふ事は、ドイツの哲學の啓蒙的な講義をするといふ事に略等しくなります。

生徒 結構ですね。大いにやつて下さい。

先生 凡そ精神科學といふものは凡てそんなものなんで、文字の解釋をするといふ事は事柄の解釋をするといふ事に一致する。術語がわかると云ふ事は事柄それ自身がわかるといふ事です。だから決して pedantisch だと思つてはいけません。

生徒 思ひません。前置きはまあ其の邊で澤山です。Zur Sache!

先生 では先づ例から始めませう。たとへば俗に「捕らぬ狸の皮算用」といふ諺がある。それに似た事が隨分多い。たとへばお金持の爺さんがあつてその爺さんに子供がない。するとその甥が、遺產は當然自分に來るものだと思つて、しきりに苦心をし始める。苦心といふのは、つまり遺產をどういふ風にして

使つたものだらうと云ふ苦心です。ところが、六十の爺さんにも子が出來ることがある。子が出來たら、甥の苦心はあはれ槿花一朝の夢と化してしまふ。その場合、子供の出產が甥の苦心を aufheben したといふのです。つまり無用にしたといふ事です。「苦心が水の泡になつた」のとは少しちがひます。苦心の前提そのものが無くなつてしまつたのです。

　また他の例を取りませう。二人の男が一人の女に戀をしてゐる。甲が小說中の主人公で、乙が仇役だとしてもよろしい。甲と乙とは元來親友なのだが、同じ一人の女を戀すると云ふ事によつて二人の間に異樣な緊張が生じてしまふ。女の方でも、二人に對して同樣な好意を持つてゐる。これを稱して何と云ひますか。

　生徒　三角關係！

　先生　さうです。これを稱して三角關係といふ。小說家が使ひ古した筋書です。ところが、小說では、解決といふものが來なくてはいけませんね。

　生徒　さうしてゐると乙の方が自殺してしまふ。そこで甲と女とがめでたく結婚……ですか。

　先生　そんな亂暴な解決があるものですか。三角關係といふのは、甲が乙を愛すると同時に乙の方でも甲を愛し、二人の間に挿まつた女も兩方を愛する、要するにみんなが各々愛し合つてゐなければいけないのです。その中のどれか一邊が缺けてゐるのは眞の三角關係ではありません。乙が片づいたからと云つて甲と女とがすぐに結婚してしまふなんてのは、それはあんまり亂暴です。

　生徒　亂暴ですかな。

　先生　亂暴ですな。なるほどそんな場合もないではありません。乙が飛んでもない惡漢にでも書かれてあればですね。けれども私が今述べてゐる樣な場合で、しかも幸福に解決したいと

思ふ時には、どうしたら好いでせう。

生徒　ぢやあ、甲も乙も、お互ひに遠慮して手を引きますか。

先生　でも女はどうします。

生徒　尼にでもしちやふんですな。

先生　それは可哀相だ。それでは讀者がおさまりません。なるほどそんな解決法もあるでせう。けれども、それでは私の云つてゐる happy end にはなりませんね。

生徒　先生はお甘いんですね。

先生　えゝもう極くお甘い方なんで。

生徒　先生ならどうします。

先生　私は別に問題ぢやありません。たとへば俗小説なぞではどういふ風にやるかといふのです。たとへば亞米利加物の映畫喜劇なぞではどうです。

生徒　通俗物は見ませんから知りません。

先生　そんな事を云つて威張つたつて駄目です。心得るべき事を一應心得た上でなら好いが。

生徒　普通ならどう云ふ風になります。

先生　何とかして乙を aufheben してしまひますね。

生徒　aufheben する？

先生　さうです。たとへば乙が其の女の兄さんだつたと云つたやうな事になりますね。

生徒　なあるほどね。

先生　隨分荒つぽい手かも知れないが、そんなのが一番效くのです。乙が實は女の兄であつた。女と乙との間の戀仲は自然に棄揚されてしまふ。從つて甲と乙との間の異狀な緊張も棄揚される。それどころか、戀の仇が義兄義弟の關係になる。女は甲をも乙をも心から愛する事が出來る。しかも大つぴらに。めでたしめでたし。どうです。

生徒　俗ですな。

先生　多少ね。しかし棄揚の意味はわかつたでせう。

生徒　えゝ、何だか斯うぼんやりと、解つたやうでもあり解らないやうでもあり。

先生　これが棄揚、揚棄、揚止、止揚の第一の意味です。その次には第二の意味が生じます。

生徒　まだその他に意味があるのですか。

先生　さうです。これからが愈々哲學上の用語と關係が生ずる範圍の意味です。今までに述べたのは、謂はば aufheben の消極的な意味なので、これを定義するとすれば、たとへばＡならＡといふ現象を、その存在の基礎をなしてゐる、もしくは前提となつてゐる事柄Ｂを取り去る事に依つて、自然に消滅させる事を意味します。理屈上で無くしてしまふのです。これを論理的揚棄、または次に述べる生の現象としての揚棄に對して「機械的揚棄」と名づけても好いでせう。

生徒　大分むつかしくなりましたね。

先生　これからが大事です。よう御座んすか？　誰です、其處で欠伸をしてゐるのは！

隅つこの生徒　どうも相すみません。

先生　これからが大切です。第二の意味、即ち生の現象としての aufheben がわかれば、それだけでももうドイツ哲學の最近の問題の重要なる一部分に對して興味が生じます。興味が生ずるといふことは三分通りわかつたと云ふことです。もつとも殘りの七分が仲々並大抵ぢやありませんがね。

生徒　前置きはわかりました。それで？

先生　こんどは定義の方を先に言つて置きませう。今までに述べた機械的棄揚といふのは、時間的に前後の關係はありませんでした。Ｂなるが「故」にＡであつた。Ｂが消滅する。するとＢの消滅がＡの消滅を惹起する、もしくはＡを棄揚する、といふわけで、それは同時といへば同時であり、時間關係に非

ずして論理關係だと云へば、それでも好いでせう。こんどは時間關係が這入つてきます。時間關係が這入つて來る現象は、自然科學界に於ては「變化」、精神科學界に於ては「生」です。（生物學は生を對象にするではないかとの疑問が生じさうですが、さうではありません、生物學は、變化を對象とする上に於てのみ自然科學であつて、生についての何等かの考へを抱くとなれば、それはもう精神科學です。Bergson も Freud も精神科學者です。）

　わかり易い例を取りません。たとへば茲に智的犯罪の本能が旺盛に働く天才的不良少年があるとしませう。父親は何とかしてその少年を救ひたい。その少年の行動を束縛したりお說法を試みたりするといふのは最もまづい方法です。それは前述の三角關係の場合に、乙なる人間を殺してしまはうといふに等しい。——では機械的棄揚の方法があるでせうか？　どうでせう？

　生徒　さうですねえ。頭でもぶん毆つて低能兒にしてしまへば、智的犯罪は棄揚されますね。

　先生　それはあんまり機械的すぎますね。

　生徒　それとも何か其の少年の興味を惹く樣な他の仕事をさせてはどうです。

　先生　さう、それで方向轉換が出來れば理想的な機械的棄揚ですね。しかしさうは行かないでせう。

　生徒　どうしたら好いでせうねえ。

　先生　何か奇拔な方法はありませんか。

　生徒　さうだ！　——そ其の少年を刑事の助手にでもして、さういふ方面へうんと進出させたらどんなものでせう。

　先生　それです。棄揚は其處まで行かなくてはなりません。起用といふのが茲から起つたんですな。

　生徒　本當ですか？

　先生　嘘ですよ。——要するに棄揚といふ第二の意味がこれ

言は事なり

から生じてくるのです。いくら好きな道でも、それが自分の道樂となれば、道樂そのものが追々と變つて來ます。さう始めに考へてゐた程面白いものでもないと云ふ事もわかつて來るでせうし、それが機緣となつて其の他別種な關心も生じて來るでせうし、その外まあ、最初の豫定や期待には全然這入つてゐなかつた樣な事柄が澤山這入り込んできて、しばらく經つて自分を反省して見ると、何のためにこんな事を始めたのか、ほとんど自分でも思ひ出せないやうな事になつて來るでせう。こゝが人生の面白い所です。

　もつと極端な例を取ると、こんな事もあるでせう。茲に一人の、人生に對する執着の人一倍はげしい人間がゐるとします。なんとかして自分の一生を延したい。現代の醫術の提供する限りのあらゆる手段を講じて、それでもまだ安心できない。遂には精神療法に夢中になる。宗教にたよる。結局は自分の氣持の持ち方だといふ事になる。其處で彼は哲學を究める。――そして十年たつ。十年たつた後の彼はどうなつたか？　彼は、もはや全然生に執着を感じない。今といふ今死んでも好いだけの覺悟が出來てしまつゐる（ママ）。つまりそれが最も安心な方法だと云ふ事になつてしまつたからです。――生の執着が徹底すると生の解脫となる……

　換言すれば、彼の生に對する執着は、決して他の別なものによつて救はれたのではない、生の執着が、おのれ自身の方向を徹底的に辿ることによつておのれ自身の進展のために己れ自身によつて棄揚されてしまつたのです。これが卽ち生の現象としての棄揚です。

　之を要するに、世の中の事は、殊に精神界の事柄は、凡て此の生の現象としての棄揚とい（ママ）形式を取つて進んで行きます。だから、たとへば心理現象、卽ち關心、興味、感激、恨、憎惡、愛、その他凡そ人間の腦裡に生ずる凡ての現象、それから社會現象、

たとへば思想、流行、風俗、宗教、國體、その他の重要な事柄は、すべて、それ自身の中に、われと自からを棄揚すべき筈の因果を含んでゐるのです。Hegel の歴史哲學の啓蒙的な一面は、要するにかうした觀方を徹底的に人間の精神界にあてはめて系統をつけたといふ點に存するので、かうした物の觀方は今日と雖もなほ哲學界の常識をなして居り、この觀方を知らないと、ドイツの哲學書、殊に社會科學等に關する事柄はわかりません。

　なほ蛇足として一つの例をつけ加へると、たとへば哲學者は、眞理に段階がある、といふ事を云ひます。または階級、位階と云つても好いでせう。Hierarchie der Wahrheiten（眞理の位階）です。

　どういふ事かと云ふに、たとへば茲に一つのコップがあります。その中へ水を五分目程入れて、一本の眞直ぐな針金をさし込みます。するとそれは勿論曲つて見えるでせう。ところでその次です。こんどは本當にさう云ふ風に曲げた針金をさし込んで、その曲つた個所まで水を入れておく。そして大人と小供とを呼んで、どうです、あの針金は眞すぐですか、曲つてゐますか、と訊いて見る。すると大人は「眞すぐです！」といふ。小供は「曲つてゐます！」といふ。

　小兒の方が中りました。小兒の云つたことが本當です。けれども、眞理の位階の上から云へば、大人の間違つた返事の方が小兒の正しい返事よりも一段階上なんです。

　眞理には筋道があります。小兒の正しい返事は、正しいからと云つてそれでいゝと云つて放つて置いてはいけない。先づ理屈と事實とを敎へて、せめて大人のやうな考へ違ひが出來るやうになるやうにしてやらなければならない。

　棄揚といふ術語を使つて云ふと、大人の誤は一回の啓發によつて棄揚されます。小供の正しい答は、めんどうだが、二回の棄揚によつてもう一度正しく直してやらなければならない。眞理には段階がある。同じ眞理にも位の違つたのがあり、反對の

立場にもほんの一階梯の相違(ママ)のがあり得る。

　これは論理的棄揚の例ですが、生の現象の棄揚で同様な例をあげるとなると、これはもうとても澤山な面白い場合があつて、要するに學者間の論爭や思想上の問題に關する檢討には、かうした現象が複雜に入り組み合つて、そしてお互ひに話がわからなくなつてゐるのが現在の社會だと思へば間違ひないでせう。

　生徒　ぼやぼやつとして、眼が昏みさうになりますね。

　先生　大體わかりましたか。

　生徒　棄揚といふ術語の意味だけは大體わかつたやうな氣がします。ところで一寸、氣になるから伺ひますが aufheben といふ字そのものは一たいどういふ事なんです。それから、その譯語の、棄てるとか、揚げるとかいふのはつまりどういふ譯でそんな事にしたのです。

　先生　さうだ、それを始めに云はうと思つてすつかり忘れてゐました。けれども本當は今から云つて始めてわかる譯でせうね。auf- といふのは、aufhören［止める］とか auflösen［解決する］とか auftauen［とけてなくなる］とか云つた様な時の auf-で、最初は「開く」といふ意味だつたのが、aufgehen［割り切れる、殘りなく片づく、ほどける］等でもわかる通り、とにかく何か困難だつた點が「開」いて、同時にポーツと消えてしまふ、といふ意味の前綴になつたのです。heben といふのは、元來は「上げる」ことで、從つて「持ち上げ」て「取り去る」ことになつたのです。單に heben のみでも「やめる」ことに用ひます。それはもうギリシヤ語の昔からさうだつたので、[αιρω ＝揚げる、滅ぼす] 現代語の用法にも、たとへばフランス語の la séance est levée［會議終了す、解散、散會］（會議は揚げ去られた）等、それからドイツ語の中でも、相殺する、差引勘定零になる、と云つたやうな時には sich heben といふ相互再歸動詞を用ひます。——— aufheben は、つまり持ち上げて消す、あがつた

りにしてしまふ、立ち消えにしてしまふ、といふ事ですね。今までのところ或ひは揚止（揚げ止める）或ひは止揚、或ひは揚棄、棄揚なぞといろいろに言つてゐます。近頃の日本人の書く哲學書は私も讀む機會がありませんから、どれが一番流行つてるかは知りません。或ひは止揚が一番普通かとも思ひます。

生徒 なるほどねえ。伺つて見ると隨分面白い言葉ですねえ。いろんな機會に振り廻して見たくなりますねえ。

先生 なるでせう？ さう云ふ風になると、さうするとこんどは、別に改めてヘーゲルの著書を讀むに至らないうちに、段々とさうした物の考へ方が出來てきます。單なる術語だと云つて、決して馬鹿になりません。言葉は直ちに以て思想です。獨逸語は直ちに以て獨逸人の考へ方です。

生徒 他にまだそんな面白いことが澤山ありますか？

先生 ありますともありますとも。たくさんあります。けれども、そんな事を一々詮議立てして一語について一時間費やしてゐたのでは、到底短時日の間に獨逸人の精神文化の眞只中に飛び込む事はできません。

生徒 そのためには一たいどうしたら好いでせう。

先生 讀むんですね。讀めるやうになるんですね。いや、讀めるやうに「なる」なんてそんな馬鹿な話はない。讀めるやうに「してしまふ」のです。暴力手段に訴へて。獨逸語なんてのは、そんなに合理的に順序正しくやつてゐたのでは、決して進歩しません。初歩がすんだら、あとは暴力手段に訴へる事です。理屈に合はない、どう考へたつて出來る筈のない手段で行くのが一番です。たとへば、何でも好い、對譯書でも、飜譯でも、少し自信のある人は原書で、少々わからん事があつたつて何だつて構はない、ぐんぐんぐんぐん一日に五十頁百頁ぐらゐよめるまでは、一日も欠かさずかぢりつくのです。初めは勿論さうは行かないでせう。一日に四五頁でよろしい。但しあんま

り段ちがひの書物を選んではいけません。うんと易いもの、たとへば、學校用の教科書なぞを、辭書と首つ引きで、その代り、話なれば話の筋だけわかれば澤山です。とにかく讀んで讀んで讀み抜くのです。さうしてついた力はおのづからちがひます。

生徒　辭書と首つ引きは大抵澤山ですねえ。

先生　ぢやあ語學はおやめなさい。切におすゝめします。語學といふのは辭書の事です。それ以外になんにも要りません。あなたは見臺といふものを知つてゐますか？

生徒　書物を置く見臺でせう？

先生　それが抑々の間違ひです。見臺といふものは書物を置いてよむためのものではない。見臺といふのは、ドイツ語の辭書を置くためのものです。

生徒　へーえ。

先生　辭書を開いて見臺におく。それからその前に本を開いて机の上におく。そして本で引きながら辭書を讀むのです。

生徒　辭書を引きながら本を讀むのではありませんか？

先生　いゝや、本を引きながら辭書を讀むのです。その反對ではありません。

生徒　（傍白）此の先生脱線しすぎて氣が狂つたかな。

先生　本を讀みながら「傍ら」辭書を引いたりなんぞするから駄目なんです。辭書を引くのが主で、本をよむのは副です。辭書を引きながら、その合間合間に書物を讀むのです。だから、書物を眼の下に置いて、少し横の方に辭書を置いて置くなんてのは其の罪死に値する。辭書は必ず見臺の上において、つまり鼻の先において、いつでもめくれるやうにしておく。要すればそれに指を掛けたまゝ書物をよむ。さうだ。指はしよつちゆう辭書に掛かつてゐなければいけない。かういふ事は内務省令として發布して警察に取締らせる必要がある。要すれば警官の増員をしてもよろしい。辭書に手が掛かつてゐなかつたり、殊に

辭書を脇の方へ置いて讀んでゐたりするのが居たら、直ちに本署へ同行を命ずる。そして懇々と說諭の上、改悛の狀顯著なる者のみに對して一應歸宅を許すといふ事にすると好い。

生徒 先生暴動が起りますよ。

先生 暴動が起つたら直ちに軍隊が出動して鎭壓します。

生徒 少し無茶だなあ、先生の主義は。

先生 勿論無茶です。無茶だからこそお信じなさいといふのです。本當の眞理は多少無茶なところがあります。常識で納得できるやうな眞理は、それは人間が自分に都合の好いやうに贋造した御用眞理です。そんな眞理は元來不用です。我々には「動く」眞理が必要なんです。「動かす」眞理が必要なんです。理性を以てではなく「意志」と「決心」と「感情」とを以て肯定し得るやうな眞理が必要なんです。それが證據に我々の人生をごらんなさい。誰か「合理的な眞理」で動いてゐる人間が一人だつてゐますか？　最も合理的な對象を取り扱ふ數學者を御覽なさい。數學者は「數」でもなければ「學」でもありません、「者」です。人間です。數學者をして數學せしめる所の力は理性ではありません。それは意志です、決心です、感情です——一言にして云へば本能です！　私は諸君の本能に訴へてゐるのです。

生徒甲　（乙に）おい君、少し脱線させ過ぎたやうだね。此の調子で行つて、鐘が鳴つてから十分も二十分も延ばされた日には堪らないから、もう好い加減に逆のブレーキを掛けようぢやないか。

生徒乙　よからう。（高聲）先生！　もうぢき鐘が鳴りますから、そろそろ此の邊で結論にして下さい。

先生　結論？　さあ……結論と云つて別に何もないが……

生徒乙　大ぶ色んな事を仰言つたやうですが、要するに、今日は一たい何の話をなさつたのです。

先生　さうですね……それはまあ、後でよく考へて見ないと

はつきりした事は云へないが、とにかく……logos の話をしたのですよ。

生徒甲 logos といふのは？

先生 これを云ひ出すとまた長くなるから止しませう。要するに logos といふのは、ギリシヤ語で「言葉、理屈、筋道、考、文化、文」といつたやうな意味なんです。日本語でも、言葉の「言」［こと］と、事柄の「事」［こと］とが相通じてゐる。言［こと］は事［こと］なり、全人を傾倒すべし、とでも云へば好いでせう。私はつまり語學といふものに、肉を盛り、血を通はせたいのです。過去分詞とか定形とか主語とか接續法とか云つたやうなものゝ背後にどんな生々しいものがむくむくと動いてゐるかを述べたかつたのです。初歩の文法なんてものは、大てい斯うした概念的な理屈のために凹れるものですが、そんな事のために凹れて貰ひたくなかつたのです。ドイツ人の學者が中世以來ラテン語やギリシヤ語の厄介な厄介な文法にかぢりついて、そしてそれに落伍しなかつた人たちが十八世紀後半以後の、世界に冠絕するドイツ精神文化を築き上げにやうに、諸君も諸君の努力に於て斷然けつをまくつて居直つて貰ひたかつたのです。全人を傾倒して貰ひたかつたのです。過去分詞に、不定法に、接續法に！

術語！　それはつまり私の云ふ「言」は「事」なりです。術語に負けるな！　長いものは巻いてしまへ！　嶮しい坂は駈け上れ！　脳味噌をマツサージせよ！　言は事なり、全人を傾倒せよ！──半年たつて御らんなさい、決して損はありません。文法は歐洲精神文化に通ずる第一歩です。二三哩の坂です。平地なら呑氣に歩いてゐてもよろしい、坂なればこそ駈け上る方が樂なんです。血相かへて、恐しい鼻息で駈け上るのです。さうすると、半年後には、少しあき足らぬほど短かい坂だつた事た氣がつきます。どうです、わかりましたか？

皆 わかりました！

先生 では脱線はこれで終り。次は本問題にかへつて接續法のつづきを話します……（鐘が鳴る）

皆 （笑ふ）

——幕——

マルティン・ハイデッガーと新時代の局面
序・解説

序

▷高級で、しかも哲學の方面をやる人のための語學書であるから、主として註に力を入れて見た。といふのは、哲學書は、その他の專門とはちがつて、その表現法が言葉・語法といふものと密接な關係を持つてゐる。その個所個所の細かい深い意味がわからなければ、たとへ萬卷の書を讀んでも何の得るところもない。それに反して、たとへ二三十頁讀んでも、その二三十頁の意味するところが完全にわかれば、それだけでもう複雜な哲學界の一角に完全な理解の地步を攫得することができる。

◁語學を主とするものの事であるから、勿論一般的法則、文法、その他、初等文典には出て來ないやうなこと、または重要なる個々の語法についても、頁數の許す限り、なる可く詳細な註をつけて見た。故に、註を丹念に讀んで原文を比べて貰はないと此の企ての意義は全然沒却される。

▷主として問題になるのはハイデッゲルの哲學であるから、本當はハイデッゲルの Sein und Zeit を一寸讀んで見たが、とてもむつかしくてわからなかつた……と云つたやうな經驗を持つて居る人だと一番都合が好いのであるが、さうでない人も多いと思つて、うんと啓蒙的な解き方を試みて見た。さうしておけば、たとへ「俗だ」といふ非難は生ずるにしても、讀む人の方では、「俗だ」といふ（生意氣な）感じにも拘らず、內々は大いに啓發されるだらう。そこがとりも直さず私の目的である。私は、高尙だと思はれたり、偉いと思はれたりするよりも、何か斯う實用的に人のためになる方が好きなのである。その方が自分でも本當にうれしいから。──個人的なことばかり云つてすまないが、其處が非常に Methode に關係があるし、世間が世間だから、一寸斷はつておく次第である。

▷それは「語調」についても云へる。「哲學的」な語調つて奴は……あれは非常に困る。私は大きらひだ。何か云ひたい事があるなら、あたりまへの日本語で云つたつて差し支へないと思ふ。あたりまへの日本語で云つて見て値打ちが無くなるやうな話なら、それは初めから値打ちが無かつたのだ。哲學めいた調子で云はなければ哲學にならないやうなのは、それは本當の哲學ではない。それは單なる「調子」だ。――さう云つたやうなわけで、私はなる可くあたりまへの調子で云はうとつとめた。つまり「俗つぽい」調子でである。俗つぽい調子で云つてみて始めて事の内容がわかる。それが本當の内容だ。

▷此の論文なぞは、恐らくは最も讀みにくいものの一つではあるまいかと思ふ。すぐに譯の方を見ると、さう云ふ氣はしないかも知れないが、試みに、まづ原文の方だけ讀んで見て、その細かい意味を考へて見て、さうして後に譯や註の方を見て頂きたい。さうすれば、たとへば「よくわかつたつもりで居た事」が、實は多少外れたり歪んだりした讀み方であつたことに氣づかれるであらう。本當のむづかしさと云ふのは、つまりさういふ處にあるのである。――世の中に如何に多くの書物が「無茶苦茶に」讀まれてゐるかを思へば、少し詳しく、意味に注意してよむことが如何に必要であるかは、必ず首肯される事と思ふ。かう云ふ點が今日まで隨分欠けてゐたのではなからうか。少くともさういふ點では、語學書が讀者を啓發して行かなければならない筈であるのに、今日までは關係が反對で、語學書の方が粗漏で、讀む人の方がずつと綿密であつた。だから對譯書なんてものは駄目だといふ定評になつてしまつたのである。

▷勿論教科書に用ひるものとなれば、また話が全然ちがつて來るだらう。こゝで問題にしたのは、獨學の士を相手とする、廣い世間を目標にする參考書のことである。――本書はまづ、如上のやうな主義から發した一つの試みだと思つて頂きたい。

▷最後に一つ斷はつておきたいのは、意譯、遂語譯（ママ）、註の四つの部分の相互の關係である。逐語譯をつけた上にどうして意譯なぞが要るか？　よくわけのわからない人は、或ひは此の點を疑問に思ふかも知れない。這般の消息は、一度何かむつかしいものを、詳しく意味を考へながら讀んだ人にはわかると思ふ。遂語譯（ママ）だけでわかるところもあるにはあるが、「つまり結局何の事を云つてゐるのだらう？」といふ、根本的な問題に面すると、往々にして逐語譯は何の用をもなさない。そこで、多少普通の飜譯よりも碎けて、原文に云つてないことを云つたり、文句を云ひかへたりなぞする、自由な意譯が必要になつて來るのである。さうした意譯は、初等、中等に於けるよりも、高等程度になるとより必要になつてくる。それは實際の場合々々に接して行けばわかつて來る。

昭和七年三月十三日　關口存男識

解　說

　現代の哲學界に於ける最も著しい動きは、E. Husserl を中心とする Phänomenologie（現象學）派の運動である。現象學といふのは一つの Methode であつて、その可否は一に懸つて諸種の問題に關する其の適用法である。Phänomenologie は如何なる應用を見たか？

　先づ、それは形而上學に於て、Ontologie（存在學）なる分野を拓くに至つた。殊に形而上學の中心に重大な問題を捲き起すに至つたのは、Martin Heidegger の „Sein und Zeit" の前半である（後半はまだ出てゐない）。

　此の著は、既に言葉使ひの上からして、非常に讀みにくい。殊に、ドイツ語の細かい語法其他に關する知識や、或種の細かい語感を持たない人にとつては文字通りの ein Buch mit sieben Siegeln である。しかもそれがしきりに問題になるとなると、ドイツ語をやつて哲學に進まうといふ人々にとつては、實にのつぴきならぬ大問題が課せられたといはなければならない。「飜譯」を通じたりなぞしては決して解りつこのないものが、また一つ飛び出したわけである。

　▷しかも一方、形而上學なぞとは何の係はりもなく、現今は「政治」、「經濟」その他の社會問題の全盛時代である。思想問題といへば、人はマルクス主義か、フアシズムか、と考へるきりで、其の他のことは一切忘れてゐる。つまり、社會問題が直ちに以て哲學、哲學が直ちに以て社會問題となりつつある……やうに見える。

　▷然らば、哲學とは何ぞや？　かうした荒つぽい、しかも直接に關係のある概括的な問題が、丁度現今のやうな時勢に於ては、また改めて論議されなければならなくなつた。其の意味に

於て、Heideggerの形而上的な立場と、社會國家政治經濟の方面を主とする現今の所謂「尖端」の思想との間の關係を論じつつ、同時に「哲學とは何ぞや」といふ主題を短かく扱つたものとして、此の書のテクストに選んだ哲學時事は、必ずしも無意義ではなからうと思ふ。

▷ 本書のテクストは、1931 年十月號の Die Neue Rundschau から取つたもので、二個所ばかり左の如く訂正した外は、原文の儘である。

1. Zweiter Absatz: „Bedeutet die agressive Aphoristik Nietzsches ein Angriff auf diese Grundlage? の ein Angriff を einen Angriff に是正。

2. Sechster Absatz: Freilich, auch das gedruckte und gesprochene Wort kann nicht mehr als ein Mittler...... の ein を einen に是正。同時に und gesprochene を省いたのは、その次に das immer jenseits der Bücher liegt といふ句があるために、むしろ無い方が好いと思つたからで、大した意味はない。

ニイチエと語る

ニイチエと語る

關口 存男

基督 汝の隣人を愛せよと云ふのが何處が惡いのですか。

Nietzsche. まづ第一に『何處が惡いですか』と仰言る其の『惡い』といふ言葉が惡い。汝の隣人を愛するのは惡くもなければ善くもない,『ただくだらない』きりです。だいいちその『善い』とか『惡い』とか (gut und böse) 云ふ術語が卽に其の汝の隣人を愛すると云ふ立場から發明された, 一癖も二癖もある術語なんで, 本當ならば『良好』なのと『駄目』なのと (gut und schecht) を區別すれば充分なものを, 或ひは『好都合な』事柄と『都合の惡い』事柄とを (gut und schlimm) 區別すればよいところを, それでは立ち行かない人生の敗殘者共が鳩首合議して畢生の智惠を搾つて何處からかほじくり出して來たのが卽ち此の善と惡との區別です。一たい勢の强い奴は呑氣でぼんやりしてゐるが, 社會の下積みになつてしよつちゆう强者のお尻ばかり鼻の先に眺めてゐる奴共は, 動けないでヂツとしてゐなければならないから自然頭が好くなるとしたもので, 發明するとなれば却々うまい事を發明しますよ。つまり善惡とか道德とか云ふのが, さういふ連中の大仕掛けな犯罪なんです。弱者の陰謀ですな。そしてその張本人は, 失禮だがあなたではないかと思ふ。

基督 そして其の芋蔓を手繰り出して告發した檢事があなただと云ふわけですね。――弱者は頭が好いと仰言るが, さう云へばあなただつて却々頭が好い。道德が陰謀だとすれば, その陰謀を見拔いた檢事の頭だつてこれで相當なものぢやありませんか。

Nietzsche. 勿論さうです。大仕掛けな陰謀を摘發するとなれば，それと同等，或ひはそれ以上に大仕掛けな陰謀を必要とします。それは當然です。人の惡さに掛けては，犯人と檢事局とどつちが人が惡いかと云へば，それは勿論檢事局の方が二倍も三倍も人が惡くなければ世の中がおさまらない。それ位の事は，犯人と檢事の人相を比べて見てもわかる筈です。──弱者の陰謀もかなり手の込んだややこしい念の入つたものだが，それを嗅ぎつけて，隅から隅まで見拔かうとした私の考へ方だつて却々手の込んだややこしい考へ方です。一條繩では片づかないですからなあ。

基督 ややこしいと云ふよりは，むしろひねくてれゐる(ママ)と云ふ噂ですよ。

Nietzsche. ひねくれてゐるのは別に私の所爲ではない，それはむしろあなたの所爲ではないでせうか。直接にあなたの所爲ではないかも知れないが，少くとも基督教といふものを考へれば，直接間接にあなたの不德の致す所だ。靴が眞四角ではなくて妙に曲りくねつて作られてゐるのは，これは靴の所爲ではなくて，足の所爲ですからね。靴それ自身は曲つてもどうしてもゐない，ただ足に合はせて作られてゐるきりの話です。私の文化批判が妙にひねくれてゐて底意地が惡いのは，これは批判の所爲ではなくて，批判の對稱(ママ)たる近代ヨーロツパ善惡意識なるものが，ひん曲つて，ふんぞり返つて，極端な奴になると又元通りになつてゐる位だからです。私自身の積極的主張となれば，これはむしろ曲つたものやねぢけたものや，ややこしいものや，毒々しいものの正反對で，これを卒直に唱へるとなればもはや何等の皮肉も毒舌も將心理解剖をも要しない體のものなのですが，檢事としての活動となると問題はおのづからちがつて來ます。

基督 では，その，あなたの積極的主張と云ふのは一たいどう

云ふ風なのです。

Nietzsche. 一言にして言へば，要するに，善惡なんてものが問題にならない程度の力强い世界へ飛び上がれ，其處はほがらかであるぞよ，といふ事に過ぎません。

基督 そんな事が出來るでせうか？　人間が人間である以上，そんな事は云ふ可くして行はれ得ない事ではないでせうか？

Nietzsche. ではあなたの天國はどうです。天國は到來しますか？　人間が人間である以上，天國なんてものは到來す可くして到來し得ざるものではないでせうか。

基督 到來する人には到來します。それが到來せんことを希ふ人の心の深さに從つてそれぞれ到來できるだけ到來します。多く希ふ人には多く到來し，少く希ふ人には少く到來します。

Nietzsche. すれば私の超人宗敎と雖も同じことではありますまいか。

基督 同じ事かも知れないが，あなたの理想には倫理的な深さといふものが無い。現在の西洋人の心の中に掘り下げられてゐる倫理的な深さといふものは，これは一朝一夕にして生じたものではない。これは私が凡そ二千年ばかりもかかつて，やつとこれだけにまで掘り下げたものだ。それを今すぐ埋めてしまへと仰言つたつて，それは少々御無理といふものではないでせうか……

Nietzsche. 倫理的な深さと仰言るが，その深さがどう云ふ深さだと云ふ事を考へて御覽になつた事がありますか？　深さにも色々あつて，掘れば掘るほど人間の幅員が大きくなるやうな良い深さもあれば，また掘れば掘るほど岐路に迷ひ込んでしまつて，段々とお天道さまと御無沙汰してしまつて，結局夜と晝との區別のわからなくなるやうなくだらない深さといふものもある。もつとも，元來何の深さも持つてゐない原始人を相手にする場合には，全然深さを持つてゐないより

はむしろくだらない深さでも何でも好いから深さを與へてやつた方が好いかも知れません。其の意味に於て，あなたが私達ゲルマニヤの野蠻人を一時敎化して下さつたのは勿論非常に結構だと思つて感謝はしてゐます。けれどももはやこれ以上いくら敎化して下さつた所で，邪魔にこそなれ，進步の足しにはちつともなりません。御親切は忝けないが御思召しがおそろしい。――それに一たい所謂道德的なんてものは，これは明らかに一種の危險思想なんで，當局がついうつかりして適當な時期に取り締らなかつたものだから到頭今日のやうにはびこつてしまつたので，適當な時期に嚴重に取締つてゐたら，だいいち善惡などといふ無理なスローガンは出來なかつたでせう。『良い，わるい』といふ區別だけで力强く押して行つたほがらかな文化形態が充分考へられる。現にギリシヤなどはその方向へ進みかけてゐた。そこへあなたが飛び込んで來て，くだらない奴等がブロックを作るのに都合の好いやうなスローガンを捏造してアヂるものだから，折角のヨーロッツパ(ママ)文化が變な方向へ曲つてしまつたのです。あなたの宣傳が如何に巧妙なものであつたかといふことは，たとへば此の宣傳ビラが之れを證してゐる。この宣傳文は多分あなたがお書きになつたのでせう？

斯くの如き症狀の患者は
隣人愛を服用すべし：

(1) 肩凝りしたり，からだがだるく，疲れやすい人。
(2) 動悸がしたり，息切れたり，咳，痰など出る人。
(3) 不眠が續き憂鬱になり，ともすれば世間がうらめしくなり，人生に取り殘されたやうな氣のする人。
(4) 感冒引きやすく，寢汗が出て，時々惡寒がしたり，人が何とも思つてゐないのに自分の頭の中だけでしよつちゆう

何の益にもならない熱の出てゐる人。
(5) 食慾進まず，顔色蒼ざめ，消化不良，健啖な人を見ると不愉快で堪らず，カツレツやライスカレーを見ると今更のやうに禁慾・衞生の必要を痛感する人。
(6) 何の原因もなく頭痛・めまひがしたり，月經滯りがちにて，時々詩を作る人。
(7) 喧嘩すると必ず負けることがわかつてゐるが，さうかと言つて默つて泣寢入りしてしまふほどには達觀し切れないために，その腹癒せとして，人無き一室に閉ぢ籠つて我れと我が身を思ふ存分ひつぱたいたり，つねつたり，蹴つ飛ばかしたりして溜飮を下げてゐる人。

基督 ……ちよつと待つて下さい。そんな宣傳文を私は書いた覺えはないがね……

Nietzsche. だつて此の通り檢事局の方へ廻付されてゐます。

基督 いや，それは誰かが捏造したものだ。私の教をさう云ふ風に滑稽化するといふのが，これが取りも直さずあなたのひねくれと云ふもので，あなたが如何に事實を離れてしまつてゐるかを露骨に證してゐる。檢事といふものは，それはなるほど犯人以上に裏の裏を潛つて廻るだけの頭が無くてはならないものかも知れないけれども，そいつがあんまり極端になつて來るといふと，遂にはどつちが犯罪だか譯がわからなくなつて來る。──假にあなたの口調を借りて，基督教といふものが，ヨーロツパにとりついた惡魔だとするならば，その惡魔を追いのけるためにまた第二の惡魔を必要とするといふのは一寸私の首肯しがたい所ですな。惡魔だとするならば，惡魔は一匹で澤山なんで，一匹の惡魔を二匹に増員しなければならない理由は何處にもない。哀れなるヨーロツパは二匹の惡魔には堪へないでせう。

Nietzsche. 健全なるヨーロツパは二匹の惡魔に堪へるでせ

う。ドイツ語にも Wer A sagt, muß auch B sagen といふ俗諺がある。毒食や皿までと日本語でも云ふ。毒といふ奴は，一そ食はなければ食はないでそれで濟むが，食つた以上は其の次に必ず皿を食ふ必要がある。皿は食はなくても好いが，第二の毒を食ふ必要がある。Gegengift つてえ奴をですな。ヨーロツパの文化は何時の間にかさういふ所へ來てゐるのです。――けれども，なにも別に惡魔とか毒とか云つたやうな比喩を借りる必要もないでせう。とにかく問題は人間の心の生理的發達だ。あなたはとにかくヨーロツパ人の心といふものに，それより以前には無かつたやうな，或種の深みをお拓きになつた。地下を，どん底を，裏面を，蔭を御工作になつた。それは大變結構だつたのです。そのためにヨーロツパ文化には，下への幅員，内部への方向が授けられた。高きに聳えんと欲する者は先づ足下を掘る。ビルを建てるやうなものです。殊に ...... 掘り下げたきりで，穴の中でエンチして居眠りしてゐる何處かの國民とはちがつて ......

釋迦 それは私の事ですか？

Nietzsche. さうです。さう云ふ文化とはちがつて，わがヨーロツパ人たちは，下を掘ると同時に上へも，外へも築いてゐる。近世の機械文明，理智文化をごらんなさい。だから決して基督教や道德などが無意味であつたとは申しません。

基督 無意味であつたとは仰言らないのなら，では一たいどうだと仰言るのです。過去に於ては意味があつたが，現在に於ては無意味であると仰言るのですか？

Nietzsche. さうぢやありません。將來に於て，無意味になるやうにしなければならないと云つてゐるのです。一たい人間界といふやつは，道德の立場から考へると，何一つわからなくなる。善因善果，惡因惡果なんて云つたつて，實際がさうで無いことは三歳の童子と雖も之れを本能的に心得てゐて，

たとへば悪い事をする奴がゐたら直ぐその場でぶん殴つてしまはうとする。おれがぶん殴らなければ誰もおれの代りにぶん殴つて呉れる人間はないと云ふ事を本能的に感づいてゐるわけですな。またそれが最後の意味に於て正しいんで，世の中といふものを，まるで勧善懲悪，思想善導用の脚本のやうに見ようつたつて，さうは事實が許さない。出來るだけさう云ふ風に見えよう見えようと思つて，あつちの隅つこに立つて眺めて見たり，こつちの隅つこにカメラを据えて見たりしてゐるうちに，到頭現世の縁から足を踏み外して，來世だか何だか變なところへドブンと落つこつちやつて，『見えた見えた！』と云つて欣んで見たところで，現世の舞臺にしつかと脚を据えてゐる人間には，何がどう見えるのやらさつぱり譯がわからない。來世に居る人間になら來世から見た來世観が解るでせう。現世にゐる人間には現世から見た現世観しかわからない。それとも我々人間は現世に居るのではないのでせうか？ あなた方は一たい人間が何處にゐるとお思ひになります？ まるで尋常一年生に質問するやうな問ひだが，本當のところ，我々人間は何處にゐるのです。來世に居るのですか現世にゐるのですか。來世に居ると思ふ人は手を上げてごらんなさい。

釋迦 （ちよつと手を上げかけて，一たんおろして，それからまた上げる。）

Nietzsche. 本當にですか？

釋迦 本當に……本當は……本當の所は勿論やつぱり現世にゐるんでせうな。

Nietzsche. ぢやあ手を下げて下さい。

釋迦 （手を下げる）

Nietzsche. これを以て見ても，あなた方の考へ方には或種の錯覺があると云ふ事がおわかりになりませう。とにかく，

此の現世と云ふ奴を,『道徳的現象』として觀ようとしたり,『良心』と符合して納得できるやうに見ようとしたりすると,現世の外觀を勝手に變へるわけには行かないから,事實を事實として事實たらしめんが爲めには,貴君方御自身の視角の選び方そのものが變な具合になつてきて,結局人間の心を多少に拘らず病的に歪めないといふと,その深さとか何とか云つたやうなものが掘れなくなつて來る。――道徳的に見るといふ行き方では,もはや凡ゆる觀方が試み盡されてしまつた。もうどんな大哲學者が出たつて,どんな宗教家が飛び出したつて,『道徳的見地から世の中を首肯しよう』とする道は,もはや現在より以上一歩も進めたものではありません。だいいち解決するとか解決しないとか云ふ事それ自體が既に意義を失つて好いのです。解決なんかしなくつたつて好い。解決する暇があつたら一歩前進すればいい。前進は解決です。

基督　道徳の問題はどうするのです。

Nietzsche.　道徳の問題はその儘ほつたらかして置くのです。『ほつたらかす』といふ此の素晴らしく天才的な解決方法があると云ふ事を御考へになつた事はありませんか？

基督　けれども,人間として此の世の中に住んでゐる以上,善惡が絶對に問題にならないやうな處世法が取れるものでせうか。たとへばあなた御自身にしても,意地の惡い奴に引つ掛かつたり,身に覺えのない仕打ちを受けたり,またあなた御自身がつい惡い事をしてしまつて良心を惱ましたり,可哀相な人を見たりすることは,現に起つて來ませんか？　さう云ふ時にあなたはさう云ふ出來事をどう思ふのです。

Nietzschs.(ママ)　どう思ふつたつて,それは其の時の樣子によつて何か斯う反射運動なり反應作用なりが起るでせうから,そんな事を豫め心配して置く必要はありません。可哀相な人を見たら可哀相だなアと思ふでせうし,けしからん事をする奴

が居たら「こん畜生！」と思ふでせう。何か思ふ。これが天衣無縫の道徳です。

基督　それつきりですか？

Nietzsche.　それつきりです。だつてそれ以上それをどう思へと仰言るのです。それを何時までも覺えてゐて，反芻したり，繰り言を云つたり，詩に作つたり，哲學に延長したり，要するに酸敗して惡臭を放つに至るまでも腹の中に溜めて居れと仰言るのですか？　それは第一衞生上よろしくない。よろしくない事を稱して惡いと呼ぶならば，それが本當の惡人だ。恬然として惡事を行ふのが惡人ではない，快々として惡事を行はざる所の者を稱して惡人と呼ぶ可きです。無邪氣な惡人は大抵善惡の區別を知らない，有邪氣な善人こそ眞に善惡の區別を知つてゐる。知つてゐる筈だ自分が發明したのだから。かれは善をも發明したが同時にまた惡をも發明した。惡は善人の發明です。だから善人ほどけしからぬ奴はない。善人さへ居なければ世の中に惡なんてものは無かつたのですからね。

老子　それは私も全然同感です。大道廢して仁義あり，智慧出でて大僞あり，六親和せずして孝慈あり，國家昏亂して忠臣あり。

Nietzsche.　フンドシあつて猥褻あり，神經衰弱して道徳あり，營養不良にして善人ありです。少くとも奴隷繁殖して基督教ありですな。

老子　まことに其の通りです。天然自然の成り行く所に任せて，敢て人爲人工を弄する事なければ，善惡の差別の如きは從つて其の機用を失ふでせう。仰いで天を御覽なさい俯して地をお眺めなさい，萬物は天然自然の理法に從つて生々化々して歇まず，敢て天理に抗はうとはしない。海は濶くして魚の躍るに委せ，天は空にして鳥の飛ぶに任かす。此の天地の間に

棲息する我々人間も亦同様でありまして、聖人は唯道に是れ従ふのみです。夫れ道の物たる、これ恍たりこれ惚たり。惚たり恍たり其の中に象あり。恍たり惚たり其の中に物あり。窈たり冥たり其の中に精ありです。

釋迦　色は空に異らず、空は色に異らず。色即是空、空即是色ですな。

Nietzsche.　ちよつと待つて下さい。あんまり飛躍しちやあいけません。今玆で問題になつてゐることは、色即是空とはちよつと違つてゐるのではないかと思ひます。善惡の區別はないと申しても、私は決して絕對無差別論を唱へてゐるつもりではありませんよ。あなた方の考へ方はどうも少し私のとはちがつてゐる。あなた方は、さあ何と云つたら好いか……人生を將棋だとすれば、將棋盤をがらつと引つくり返して、『やめたやめた！』と云つて仰のけにゴロンと引つくり返つてしまつたやうな事を仰言るが、さうなると私はむしろ反對だ。さうなると私はむしろ基督さんの方に味方したくなる。……

老子　いや、ちよつと待つて下さい。私の云ひ方が少し詩的すぎたかも知れないが、私の思想とお釋迦さんのとを一しよにして下さつては困る。私は現世主義で、決して將棋盤をガランとひつくりかへすやうな事は云はないつもりだ。根本が現世を現世として解決しようといふ點に於て、あなたの考へ方と非常に似てゐるのではないかと思ふ。ただ、あなたのは、どうも少し利口すぎるやうに思へてならない。私は、超人とか聖人とかいふ者は、そんなに利口であつてはいかんと思ふ。面白ろがつて檢事の眞似をしてみたつて始まらない。聖人といふものは、いはゆる大賢は愚に似たりで、泊兮として未だ兆さず、謂はば嬰兒の未だ孩せざるが如くでなくてはならんと思ふ。あなただつて現に Also sprach Zarathustra に

於て『われ汝等に三廻心を說かん。心は駱駝となり，駱駝は獅子となり，獅子は終に童子となる』〔登張竹風氏譯〕(Drei Verwandlungen nenne ich euch des Geistes: wie der Geist zum Kamele wird und zum Löwen das Kamel, und zum Kinde zuletzt der Löwe ——) と云つてゐるではありませんか。これだ。聖人は愚人の心にかへらなくては不可んです。あんまりかしこくてはいかんです。かしこくなりたければ，一そウンとかしこくなつて，もはや何處がどうかしこいのやら譯のわからん程かしこくならなければ駄目だ。俗人は昭昭たり，聖人は昏きが如し。俗人は察々たり，君子は悶悶たり。澹兮として其れ海の若し，飂として止まる所なきに似たりです。

Nietzsche. あなたのお說を伺つてゐると，なるほどと思はれる節も無いではないが，しかしどうも，どこか一寸肌の合はない所がある。子供になれといふ結論では同じだが，その「同じ」といふのが，たとへば答だけ合つてゐる二つの答案みたいな「同じ」で，考へ方と公式と，つまり正直に云へば內容が全然別物だ。現世主義といふ點だけは無條件に贊成します。しかし其の他の點では ...... あなたには私の說は絕對にわからないだらうと思ふ。

老子 わからないと云はれると私も癪だが，では一たいどう云ふ點があなたの說の內容です。

Nietzsche. 內容ですか？ 內容は ...... さあ，ちよつと困つたなア ...... 形式と公式とは方々で云ひ散らかして來たが，「內容」と「實量」との問題には，實を云ふと，あなたの顏を見て始めて「さういふ問題があつたのかなア ......」と氣がついたわけなんで，どう云つて好いか一寸，わかりませんねえ ......

老子 あなたの樣な大思想家が，自分の思想の內容に今始めて

氣がつかれたと云ふのは妙な話ですなア！

Nietzsche. （苦笑して）ところが實際なんです。私も一寸びつくりしました。何十年間色んな理屈を捏ねてゐて，支那人の顏を見るまで内容に氣がつかなかつたとは……はツはツはツ……

老子 （笑ふ）

釋迦 （笑ふ）

基督 （苦笑して）それはあんまり私に喰つてかかつた罰ですよ。

Nietzsche. 或いはさうかも知れない。ああ，さうだ，此の人の顏を見て思ひ出した。私の說の内容を云ふのはわけのないことだ。老子さん，ちよつと窓の外の，あの空をごらんなさい。あれは何です。

老子 あれは飛行機です。

Nietzsche. 飛行機とは何です。

老子 飛行機の定義ですか？　それは……つまり……飛ばなくても好い物が飛ばなくても好い所を飛んで行く，これを稱して飛行機と云ふのです。

Nietzsche. 多分さう仰言るだらうと思つた。――もう一つ問ひますが，あなたは現代ヨーロツパの藝術を多少御鑑賞になつた事がありますか？

老子 多少知つています。いや，どうも邪魔くさいものが澤山あるものだと思つて感心しました。

Nietzsche. あなたには，それらの各藝術がよくおわかりになりますか？

老子 よくわかります。肥料のよく利いてゐる土地には色んな草花が盛んに繁茂する。雀が譯山寄るとなんだか譯の分らんことをしきりに喋舌くるものだ。よくわかります。よくわかるです。

Nietzsche. なるほど。それで私もよくわかりました。實際

よくわかつたです。これで只今問題になつた内容云々の問題も立派に解決がついてしまひました。支那人と話すといふことは好い事だ。『眞理は往きて求めざるべからず，たとへ彼女は支那にありとも』と云つた佛蘭西人がゐるが，或ひはひよつとすると此の事を云つたのかも知れない。

老子 どう云ふ風に解決がついたのです。

Nietzsche. 斯う云ふ風に解決がついたのです。曰く：『あなたの現世主義と私の現世主義とは形式に於て一見一致してゐる。けれども，あなたの現世主義は内容の否定である。私の現世主義は内容の肯定である』。

老子 ちよつとわかりませんね。

Nietzsche. わからなければ益々私の定義が實證されるばかりです。ひよつとしたら此の定義があなたにわかるのではないかと思つて，内々一寸心配しながら云つて見たのですが，わからないと分かつて非常に安心しまし(ママ)。それぢやあ矢つ張り私の批評は本質に觸れてゐたのだ。あなたの現世主義と私の現世主義とは，形式に於て，公式に於ては完全に一致し，内容に於ては完全に相反するのだ。

老子 どう云ふ風に相反するでせう。

Nietzsche. あなたには内容が無い。私には内容がある。

老子 どうも其の内容といふ言葉がはつきりわからないが，それは，手つ取り速く言へば，具體的には一たいどう云ふ事柄を指してゐるのです。

Nietzsche. 内容と云ふのは，つまり文化の幅員です。同じ事を云つてゐても，幅員が量的に違つて來るといふと，それは結局質の相違になつて來る。――「量は質なり」といふ奇論があなたにはおわかりになりますか？　少々の量の差は量の差です。大々的量の差は「質の差」です。量は質なり！これがわかりますか？

老子 どうも段々わからなくなる一方だが，その點をもう少しはつきり說明して下さいませんか。

Nietzsche. 私はつまり謂はばむしろあなたの根本的缺陷を辯護し是認しようとしてゐるのです。あなたがあなたの說をお立てになつた時代の支那文化には大した幅員が無かつた。おわかりになりますか？

老子 さう仰言つちやあ大變失禮に當るわけだが，ええ，まあ大體わかりました。

Nietzsche. 私が私の說を主張してゐる現代ヨーロツパには，あなた方のそれとは比較にならない程の幅員がある。わかりますか？

老子 はい，わかりました。たとへそれが無用千萬な幅員であるにせよですな。

Nietzsche. 無用か無用でないかは別問題で，その點を裁く權限はたとへば貴君の如きに至つては最も無いと申しても敢て過言ではないと思ふが，それはまあそれとして，あなたの時代に於ける支那と，私の時代に於けるヨーロツパでは，文化の幅員が全然別物であることはお認めになりますな。

老子 お認めになるとどうなのですか。

Nietzsche. お認めになるといふと，あなたの說は 1 の文化內容を否定し去らんが爲めに作られたものであり，私の說は 10,000 の文化內容を肯定せんが爲めに作られたものであると云ふ事をもお認めにならざるを得ないでせうな？

老子 さうですかな。

Nietzsche. して，それは兩方とも正しいのである，と云ふのが私の結論です。

老子 肯定も否定も兩方とも正しいと云ふのはどう云ふわけです。

Nietzsche. さうぢやありません。それはまだ私の申し上げ

てゐる事がよくおわかりになつてゐないらしい。否定と肯定とが兩方とも正しいのではない,「1 ならば之れを否定するのが當然であり,10,000 ならば之れを肯定するのが當然である」と云ふ意味に於て兩方とも正論であると申し上げてゐるのです。

老子 なるほど。量は質なりと云ふのはさう云ふ意味ですか。

Nietzsche. さうです。さう云ふ意味です。あなたに向つて我々ヨーロツパ人の如き意味に於ける現世肯定を望むことは絶對に間違つてゐる。其の意味では,私はむしろお釋迦さんや基督さんのやうに現世否定論的色彩にお傾きになつた人々の方が本當だらうと思ふ。なまじつかあなたのやうに,現世を現世だけで解決しようとしなすつたのはこれはむしろ不徹底千萬な,深みのない,かしこくはあるけれども,大して感心する必要のない説だらうと思ふ。高々面白いくらゐのところに過ぎないのではないかと思ふ。それ自身大した幅員も備へてゐない時代の現世を其の儘ごつそり肯定する奴がありますかッてんです。——けれどもまあ,文化内容と進歩とを全然否定なすつたのは,あなたとして確かに頭がよかつたのではないかと思ふ,この點は大いに敬服します。——ところが,私の説となると,これは全然ちがふ。書物に書く時には必ずしもハツキリとさうは云つてゐないけれども,私の超人論といふやつは,同じ宗教でも,これまでの宗教とは全然ちがふ。現世の内容の上に其の儘立つて下を全部包含してゐる宗教なんです。

釋迦 私たちの宗教に内容がないと仰言るのですか?

Nietzsche. 内容といふ意味を誤解してはいけませんよ。量は質なりです。概念的に考へて下すつては困る。——いや,なんなら話をはつきりさせるために,内容が無いと云つても宜しい。あなた方の宗教は形式です。その證據には,何處へ

でも持つて行つて，手當り放題の國民に植ゑ付けることが出來る。現に植ゑつけておいでになる。その點は基督教も同樣です。どんな内容の所へでも勝手に植ゑつけることの出來るものは何ですか？　それを稱して形式といふのではありませんか？　もし佛教が形式でなかつたらどうしてそれが支那にひろまり日本に弘まることが出來たでせう。

釋迦　そいつは少し極端だ。私たちの宗教だつて，必ずしも形式ばかりではない。支那や日本には形式だけしか傳はつてゐないかも知れない。然し支那や日本に傳はり得なかつた方面もある事を考へて下さい。つまり，内容ですな。

Nietzsche.　待つて下さい。けれどもあなた方の宗教の本質は，傳はり得ない内容の方にあつたのですか，傳はり得た形式の方にあつたのですか。どつちです。

釋迦　それは勿論傳はり得た形式のほうにあつたのでせうね。少なくとも歷史的見地からはさう云ふ事になつて來る。だから私達印度人は歷史と云ふ奴は嫌ひです。併し，さう言へばあなただつてさうて(ママ)はありませんか。内容といふものには，支那人の顏を見て始めて御氣づきになつたと先刻もお認めになつたではありませんか。

Nietzsche.　内容といふものは一體支那人の顏を見なければ氣のつかないものではないでせうかねえ。

老子　またそんな失禮なことを仰言る。支那文化に内容が無いなんて事は，それは毛唐人さんの獨り決めだ。毛唐人だつて，多少たりとも支那に就いて知つてゐる人なら，そんな無茶な事は云はない……

本居宣長　ちよつとお待ちなさい。あなたがたは内容爭ひをなさるが，私なぞから見れば内容なんてものは問題ぢやない。文化内容なんてものは，要すれば他人のものを其の儘ごつそり拜借したつて充分間に合ふと思ふ。要は『氣構へ』だ，『精

神』だ。物は使ひ方でどうにでもなる。ただ『使ひ方』そのものだけは身に附いた獨特なもので，こいつは各々持つて生れるものだ。文化内容なんてものをエライ重要なものだとお思ひになるから，只今のやうな爭ひが生ずるので，そんな爭ひは結局私の眼から見ると，唐人が毛唐人を笑ふとでも申しませうか，たとへば日本人などには何のかかはりもないツマラン問題ぢや。

Nietzsche. 日本人か。はッはッはッは！　日本人となると問題は益々明瞭だ――私の超人論なんてものは，その形式は要するに宣長君の仰有つた『氣構へ』みたいなものだから，日本人などなら或ひは簡單に受け入れて理解して呉れるかも知れない。けれども其の理解が一たいどう云ふ理解になつてしまふだらうか，と考へると，私としてはちよつと大混亂に陷入らざるを得ない。私が說かうとしたのは，善惡の區別や道德なんてものは，文化内容の貧弱な時期には或ひは必要かも知れないが，現在のヨーロッパのやうに内容が膨脹して來るといふと，もはや今まで通りのやうな價値判斷では行き詰まりになるといふこと，つまり進んだ内容は進んだ價値標準を要求するといふ事を云はうとしたのであつて，あらゆる段階に共通なる分母みたいな氣構への形式がある，などと云ふ事を主張したのではありません。奴隷には奴隷の道德がある如く，強者には強者の道德がある。道德には位階（Hierarchie）といふものがある。歴史的に云へば道德には系圖といふものがある。Genealogie der Moral ですな。日本人がすぐに超人になる可きかどうかは，私も一寸即答は申し上げ兼ねます。まづさしづめヨーロッパ人になつてから，といふよりはむしろ，先づ人間になつてから，それから超人になる可きです。日本人がまだ私の云つてゐるやうな意味に於ける人間であるかどうかは，私にもよくわかりません。人間に先づならなけ

れば駄目です。やつと人間になつた位ではまだ駄目で，むしろ人間的，餘りに人間的と云ふまでになつて頂かないと其の次の話は出來ない。少くとも我々ヨーロッパ人のやうに，その機械文明を以て，その理智を以て，その思想を以て，その藝術を以て，その人間味を以て，その悲しみを以て，その笑を以て，その涙を以て……要するに其の人間的内容の全幅全員を以て一度全世界を風靡してごらんなさい！　此の際別に何も云はないが，まづ我々ヨーロッパ人の肉體をごらんになるが好い！　我々の顏，我々の表情，我々の女をごらんになるが好い！　あなた方のとは全然別物ですぜ！　あなたがたを無生物とすれば，我々は生物だ！　あなたがたを植物とすれば我々は動物だ！　あなたがたを動物とすれば我々は「人間」だ！！　あなたがたを人間とすれば我々は神だ！！！　どうだ！　どうだ！　どうです！

老子　さう云ふ風に言はれちやあ……我々として又何をか云はんやだ……なあ本居さん。お釋迦さん，どうです。

釋迦　少し遠慮がなさすぎるね。

宣長　少し可愛げがなくなつたね。

老子　基督さんはどう思ひます。

基督　マア多少理窟はあるけれども，しかしマアそんなにけつをまくらなくても好いのぢやないでせうか。近代ヨーロッパ人が世界史切つて優越民族だといふことは誰だつて認めてゐるのだからね。

Nietzsche.　多少言ひ過ぎたかも知れませんが，さういふ風に言はないと貴君がたにお解りにならないと思つたのです。あなたがたにしても，此の，文化内容と，その内容に善處せんとして生れて來た『氣構へ』としての宗教との間の關係は充分におわかりでせうが，私の場合が多少異つてゐるのはつまるところ此の内容と實量とから生じて來る質の相違なんで

す。私が相手に廻して取つ組んでゐる歐洲文明の人間的内容といふ奴は，こいつは迚も一口や二口であなた方にわかつて頂くわけには行かない。感じて頂くより仕様がない。我々の喜怒哀樂，我々の伎倆，我々の物の感じ方，我々の認識，我々の社會，さう云つたやうなものが，まるで自分の事のやうに感ぜられ，まるで自分の事のやうに心配になる人でなければ，私の超人論なんてものはわからない。われわれの歐洲文明は，謂はば一つの大掛かりな『筋書』です。發展と膨脹と盛り上がりを有する大戲曲です。――あなたがたの歴史は，だらだらと書き下ろした隨筆みたいな歴史だが，われわれの歴史は加速度を以て一路その結末に向つて力進する悲壯劇みたいなものです。

宣長　いづれそのうちに大詰めが來ますぜ。

Nietzsche.　來るかも知れません。勢の極まるところ，或ひは遂に悲絶壯絶なる大詰めに直面するかも知れません。その時は全宇宙が緊張するでせう。全空間の星辰がその運行をとどめて，ヨーロッパ文明の最期や如何にと片唾を呑むでせう。日本がさうなつた時には，それほど大問題が起るとお思ひになりますか？

宣長　日本がどうなつてからどうなると云ふ事は，まだあなたにも誰にも，また斯く云ふ私自身にも全くわからない事ですからね。

老子　どうも，あなたがたは野心家だねえ。世界といふものをまるで公開の舞臺のやうに考へて，其處で一芝居打たうと云ふのだから憫れ返つて口が利けない。まあやつて御覽になるが好い。人間といふものがどんな物だかといふ事は，一應はまあやつて見ないとわかるまい。しかし，本當はまあ隨分御苦勞千萬なことだとは思ふがね。わしは見物席で拜見してゐよう。

釋迦 わたしも觀る方に廻りたいと思ひますね。人世や歴史が緊張した芝居の筋書のやうになつちやあ，われわれ印度人はとても一緒について行けない。また，一緒について行く必要もない，芝居のカラクリをちやんと般若の大智を以て見すかして，芝居そのものが馬鹿らしくなつて始めて，それが人間の一進歩を意味すると私は思ふのです。

老子 なあに，そんなに深く考へなくつたつて好い。人間共の芝居は横で拱手傍觀すべきものだが，同時に亦適當に利用すべきものだと思ふ。やりたい事をやらせて置けば，それが觀てゐるものの有利になるのです。つまり世の中といふ奴は，歐洲人とか何とか云つたやうな，しきりに何か騷がなければゐられない阿呆共と，それを默つて見てゐて適當に利用する利口者と此の二部分から成つてゐる。前者を俗人と呼び，後者を聖人と呼ぶ。本居さん，日本人は聖人だね。

基督 老子さん，あんたはけしからん事を仰言る。あんたは，默つて聞いてゐれば，まるで狸親爺の腹算用みたいな事を仰言るではありませんか。孔子さんもさうだが，あなた方には，本當の意味に於ける倫理的認識，道義的信念といふものが，一言にして云へば良心といふものがないらしい。人生を市場と間違へてゐる。人生を取引所だと思つてゐる。あなた方の根性は重役根性だ。あなたの道教は算盤だ。孟子や論語は「出世術の講義」だ。たとへば，君子は危きに近よらずとは抑々何事です。なるほど，危きには近寄らない方が身の爲めかも知れない。けれども，身のためを思ふのが道徳か，人の爲めを思ふのが道徳か。どちらです。

Nietzsche. 身のためを思ふのが道德ですよ。

基督 あんたとは口を利きたくない。私は老子さんに云つてゐるのだ。老子さんどうです。

老子 人の爲めを思へば，それがいづれ身の爲めになる，これ

が本當の道德だらうね。

Nietzsche. ちがふ，反對だ，身のためを思へばそれがいづれ人の爲めになる，――

基督 ちがふ，身のためにならうとなるまいと，人の爲めを思ふ，これが本當の道德だ。人のためを思ふ時には，むしろ身の爲めにならないと云ふ事それ自身に感激してやるのだ。一度は Kant でも讀んでごらんなさい。

老子 だつて，どうせ天國へ行けば神樣が報酬を下さることになるのでせう？

基督 それは比喩だ。比喩には心といふものがある。比喩の心は何ぞや？　それは，『人の爲めを思つた所で，此の世に於ては何一つ酬ひられはしない，恐らくは來世に於てすら酬ひられはしない――にも拘らず良心の命ずる所は行ふ可きだ。それが正しいのだ。それを稱して善と云ふのだ。かくの如き絕望的善を勇猛果敢に行ふ者が人生に亂立するに及んで始めて人類は人類自身に打克つのだ。現世の裁きから出立しては眞の道德はあり得ない，來世の裁きから出立して……即ち換言すれば如何なる裁きからも出立せざる所にのみ道德はあり得るのだ。』――この信念に達するには，良心の聲と此の世の利害との間に挿まつた絕體絕命の危機を內的に體驗するだけの心の深みを持つ必要があります。さうでなければ，――いつそのこと，あなたがたみたいな厄介な理窟を云はないで，無反省に盲目に正しい事をする子供のやうな人間の方が神の意志に適つてゐる。

Nietzsche. （耳を掩つて）もう澤山！　ほんたうにもう澤山！　その理窟は私にして見れば，もう，まるでただれた傷に觸られるやうな氣のする理屈なんだ！　古い論爭はもう繰り返したくない。只一言云ひますが，それでは人生をどうして吳れる，それでは此の樂しい力强い生きる權利をどうして

呉れる！　無反省に盲目に正しい事をする子供は，同時に無反省に盲目にオシッコもすればウンコもするではないか！　無反省に笑ふではないか！　盲目に生を樂しむではないか！　喧嘩をするではないか！　ハモニカを吹くではないか！　あばれるではないか！　そして之れが卽ち神意ではないか！　これが Leben ではないか！　これが正しいのではないか！　力強いほがらかな景氣の好い事を正しいとしないで一たい何を正しいとするんだ！　人間が自然に進化することに對して，人間の意志が膨脹擴大する事に對してとやかくケチをつける神は何者だ？　やい，神，汝は何者だ！

釋迦　（溜息をつく）はてさて，困つた人たちだなあ。

老子　（ニヤニヤ笑つて）しかし見ようによつては面白いね。

宣長　（カラカラと笑つて）元氣があつて好いよ。

基督　Er weiß nicht, was er sagt!

宣長　しかし，あなたがたはみんな少しづつどうかしてゐるね。わたしには，なぜそんな厄介な問題が人生にあるのだか，皆目わけがわからぬ。あなた方はどうせ唐人や毛唐人の寄合ひだから，云ふ事も却々毛色が變つとる。では最後にわしが大日本帝國の國民精神を紹介して今日の座談會を閉ぢることにしよう。大日本帝國の國民精神は，『敷島の……』ぢや，好いかね，『敷島の大和心を人間（ママ）はば，朝日に匂ふ山櫻花』ぢや。パツと咲いてパツと散る，つまらん野暮な理窟を云はない，元氣旺盛にして同時にアツサリしとる，文化内容だの何だの，そんな事は一切問題にならん，『人生とは何ぞや？』──『朝日に匂ふ山櫻花』ぢや。あつさりしとる。淡白にして壯麗ぢや。パッと匂うとる。見る目一杯に匂うとる。ほがらかな事ぢや。これが强い。これが人生ぢや。これが神の意志ぢや。これさへあれば佛教も基督教も神も佛も良心も飛行機も，なんにも要らん。今に見とれ，これが世界を征服する。

今に見とれ，これが生の肯定と生の否定とを打つて以て一丸として人間意識の頂上に君臨する。Nietzsche 君が無我夢中で暗中模索してゐる所のものは，我々日本人が元つから持つてゐるのぢや。咲いた櫻に何故駒つなぐ，駒が勇めば花が散る，はコリヤコリヤぢや。ぼやぼやしてゐると支那もシベリヤも取つちまふぞ！

Nietzsche. 朝日に匂ふ山櫻花か。こいつは面白い。基督さん，よく聽いてお置きになるが好い。味はふ可き言ですぞ。

釋迦 朝日に匂ふのも好いが，散つたつもりで匂ふて頂きたいものですな。

Nietzsche. 勿論さ。散るなんて事は一緒に中に含まれてゐるんだ。そこがトボケてゐて面白いんだ。しかし......こいつにはどうも少し......顏まけしたな......

宣長 では之れで散會といふ事に致します。皆樣どうも御苦勞さまでした。（終）

獨逸文學とわれら

獨逸文學とわれら

關口存男

　　Otto Ludwig の „Die Heiteretei" といふ小説の中に，こんな所がある：陽氣で，勝氣で，働き者で，男勝りのハイテレタイといふ娘の棲んでゐる茅屋が，大雨のために，壁土がすつかり剝げ落ちて，家がまるで鳥籠のやうにすいて夏向きになつてしまふ。部屋の中にゐても，頭の天邊から爪先まで，表からまる見えだ。窓も扉も壁も，今はもはや何の區別もなく，何處からでも出這入りが出來る。つまり，所々に柱があるきりで，他は全部 ...... 空氣なのである。にも拘らず（これが面白い，だからこれを觀念主義の譬喩に使つて行かう！）ハイテレタイは決して在りし日の壁，即ち現今の空氣からは出入しない。出る時にはちやんと曾て扉であつた筈の空氣の所を通つて出る。表を眺めたい時には，ちやんと窓であつた筈の酸素及び窒素の所へ行つて，其の酸素並びに窒素に凭れて表を眺める。――通りがゝりの村の女が，姿が見えるから好いと思つて何氣なく聲を掛けると，「室内」の彼女は斷然とんがらかつて『聞こゑない』のである。その邊を跨いで這入らうとしようものなら，彼女はおツそろしい權幕で押しのけておいて，それから軆て扉なる『可き筈の』（sollen!）場所へ行つて表を覗いて『どなたですか』と問ふ。相手が，その意味を諒解して，にやにや笑つたりしようものなら，ハイテレタイは斷然硬化して，内面的強直の餘り，まるで橫つ面を張り飛ばすにも等しい程の馬鹿叮嚀な言葉づかひを始める。

　由來獨逸人は，野暮で，田舍者で，形式家（pedantisch）で，執拗だと云はれる。往々にして反動的權幕に微動痙攣する不自

然そのものの如き觀念主義者である。

　ところが，それと同時に，一面また他の民族に見受けられないほど，白熱的な奧床しい凡人性と野蠻性と『ぐうたら性』とを有難くも神樣から頂き授かつてゐる。未だ滔々たる社會化作用の及ばない未開民の如く，未だ何等の觀念によつても支配されない，けしからん程正直な，ぬけぬけと朴訥な，二三日前に猿から分家したばかりの人間みたいな本能と量見とに惠まれてゐる。──壁を跨いで室内へ這入つて來る無作法な村人がそれだ。たとヘマア鳥籠のやうになつて居たつて，人樣の家は人樣の家だ，多少は人間社會の約束に對する „觀念" といふものがあつてもよささうなものだのに，『壁』の觀念を突破してヌウヌウと人の家へ踏み込んで來る。壁はたとへ空氣に還元されて居ようとも，社會，世間に支配する文明人の習慣といふものに關する『觀念』が少しでも惰性として殘つてゐたら，單なる空氣の中にも少しは壁の『觀念』を見て之れを畏敬尊重すべきが當然である　然るに村人はそんな事には一向頓着しない。『通れるから通つたつて好いぢやないか』といふ，實に度し難き正直さ加減，あきれ返つた無鐵砲さに居直つて，しかも聊かも惡氣がない。

　そしてハイテレタイと村人との間には凡ゆる瞬間に悶着が起る。變な比喩だが，これが獨逸をして精神的に今日あらしめた根本的原動力である。悶着と，その結果として起る反動的態度硬化，そして其處から發展して來る辯證論的內訌──

　　如何となれば［此處が其の辯證論的內訌の正體である］度し難き無鐵砲凡人と雖も，ハイテレタイの如き態度と正面衝突しては勢ひ硬化して反動的にとんがらざるを得なくなる。──換言するならば，『最も觀念的でなかつたもの』が，それ自身また一つの立派な觀念を成し始めるのである。それは勿論

『觀念に反抗する』觀念ではある,併し(アクセントの位置を變へれば)觀念に反抗する『觀念』なのである。つまり,いづれにしろ矢張り觀念である事には變りはないのである。

とは云ひながらも,此の觀念の方は,詳しく云ふと前のとはいくらか違つてゐる。たとへば,大勢がやかましく騷いでゐるのに向つて,堪えかねて一人の男が『やかましい!』と呶鳴つたとするならば,その呶鳴つた男の聲までも矢張りやかましい聲の同類と見做して,『おまへだつて喧ましいぞ!』と言つて言へないことはあるまいが,それでは餘りに事の內容を無視した揚足取りと云はねばなるまい。一同がわいわい大きな聲で呶鳴つてゐれば,それを靜めるには,それらの大きな聲よりも以上の大きな聲を張り上げなければ目的を達し得ないのは當然である。

けれども,まあ,それが『謂はゆる』觀念であらうと,それとも觀念を打破せんが爲めの對抗觀念であらうと,便宜上その兩者を偕に引つくるめて單に『觀念』と呼ぶ事が許されるならば——それはまた實際許されるのである——觀念は他のいづれの民族に於けるよりも以上に特にドイツに於て最も『觀念らしき』姿態を呈しつゝ,且つ振舞ひ・且つ營み・且つ織りなし・且つ橫行し・且つ蟠居し・且つ跳梁し・且つ跋扈し・且つ猖獗を極はめ・且つ狼藉を働き・且つ猛威を揮ひ・且つ百鬼夜行したのである。

私は特に『觀念らしき』觀念と云ふ。如何となれば,觀念にも色々あつて,特に觀念でござると云はんばかりの觀念もあれば,また,實際に卽した極く目立たない觀念もあるからである。ドイツの觀念は,實際に卽した極く目立たない觀念ではない。多少に拘らず實際を飛躍跳越した,多少に拘らず『如何にも觀念らしき風采の』觀念である。觀念らしき風采の觀念は,元來は哲學に於て最も am Platze であり zu Hause である可き筈の

ものであるが、トイツ(ママ)の場合にあつては、此の感銘が文學・自然科學・政治・社會・習慣・國民性・人情風俗の全域を風靡してゐると云つて好い。凡てが觀念と云ふ八卦の下に立つてゐるのである（Alles steht unter dem Zeichen der Idee 又は近頃よく言ふ im Zeichen der Idee）

　從つてまたドイツは、觀念が觀念『として』徹底し、成熟し、收獲され、組織化された國である。即ち理論と見地と提唱と體系の華やかなる國である。しかし、そんな方面はむしろ第二の問題で、重要なのは其の根本を成すところの『觀念の活躍生動』（Das Leben der Idee）である。

文化の三段階として觀た露・獨・佛。

——試みにヨーロツパの地圖を開いて觀一觀せよ！　西には成熟した開化の國フランスがある。中央には半熟半開の國ドイツがある。東には未熟未開の國ロシアがある。此の序列は何を語るか？

　此の序列は、佛が二千年の歷史を矜る拉丁文化の繼承者なるを語り、獨が一千年を閱するゲルマン文化の代表者なる事を語り、露が僅々數百年を出でざるスラヴ文化の故郷なることを語るものである。

　露は少年である。獨は壯年である。佛は中老である。——國民性から來る相違も勿論あらう、けれども段階から來る特徵にも亦見逃がし難い自然の理法が顯れてゐる。

　少年に向つて『おまへの理想は何か？』と問ふならば、『僕は陸軍大將になる』と答へて、しかも大佐が何であり大尉が何であるかを全然知らないであらう。壯年の士官に向つて『おまへの理想は何か？』と問ふならば、或ひは戰爭であると答へ、或ひは肅軍であると答へて、同時に戰爭論、肅軍論の怪氣熖を揚げて而して底止する所を知らないであらう。中老の、胡麻鹽

頭の將校をつかまへて『おまへの理想は何か？』と問ふならば，『理想は勿論將官になつて馘首されることだが，何處か會社に就職口でもあつたら將官は必ずしも固執する者ではない』と答へるであらう。

即ち，少年は未だ人生の現實を知らざるが故に其の理想は徒らに高い。壯年は人生の現實を知りて實力亦之れに併馳するが故に其の理想とする所は高くして遠からす(ママ)，切にして遼遠である。中老は人生の現實を餘りにも知り盡せるが故に，假に未だなほ理想の餘地を存せりとするならば，そは恐らく頗る現實に卽した切實なる理想であるに相違ない。

少年の理想は高い。あまりに高すぎて，それはもはや理想ですらもないと云へよう。中老の理想は低い。あまりに低すぎて，それはもはや理想ではなく，單に現實の一種である。──然るに壯年の理想こそは，これ眞に理想といふ名に相應しき理想である。そは，遼遠なること夢の如く，切實なること現實の如し。しかも現實であるにしては餘りにも遼遠であり，夢であるにしては餘りにも切實である。『遼遠にして切實』！ 之れを觀念，或ひは理念と謂ふ。

以上は，勿論いはゆる標準的な場合に就て述べたのであつて，個性の差異によつて生ずる多少の例外は勿論ある。老ひて益々矍鑠たる者も尠くない。然らば彼は永遠の壯年である。少壯にして，しかも理念なき實利主義者もざらに見受けられる。然らば彼は早發性中老症である。等々。

かうした現象は何が故に生ずるか？ その答は簡單である。即ち，人間には理智・本能の二側がある。理智は幼時から老年期に向つて一直線を描きつゝ，上昇の一路を辿るのみである。ところが，本能は，（體力，根氣）少年時代から靑年時代にかけては急速に上昇するが，壯年期に達すると共に，それはもはや緩徐なる曲線を描きつつ漸次下降し行くのみである。然るに，

觀念の生動活躍は，單なる理智の問題ではなく、それを支持する體力・根氣・本能の問題である。かるが故に觀念の生動活躍が理智の直線を追はずして，むしろ本能の曲線に沿うて弧線を描くのは當然の歸趣である。

　　🔲　**獨逸文學は，我國に於て，何故大衆向きになり得ないか？**
——我國の文壇で一番最初に流行したのは露西亞文學であつた。最近はまた佛蘭西文學が流行する。獨逸文學は一たい何時になつたら一般人に迎へられるやうになるだらう？　一たい抑々一般人に迎へられるやうになるだらうか？　これは非常に興味ある問題である。

　獨逸文學は，さつきからも云ふ通り，主として觀念の勝つた文學である。觀念の勝つた美は，少年には勿論まだわからない。老人にはうつかりすると輕蔑される（東京一のトンカツだつて，食慾減退の『通人』からは輕蔑されるやうに）。早發性中老症の壯年者からは，輕蔑どころか，手も足も出ない妬みと怨みにわななく顏面蒼白の憎しみを以て『默殺』され，『無視』され，『てんで』問題にされない。

　日本人は，早發性中老症ではないにしても，少くとも多少『ませた』子供である。子供のくせに，老人みたいなものを好む性質を持つてゐる。現實主義的な，垢ぬけのした，洗練された，手際の好い，そして觀念的背景の稀薄もしくは皆無な文學を好む。子供のくせに，いやにアツサリしてやがる。風呂はお爺さんみたいに熱いのでないと氣に入らない，おかづはまるで酒呑みがツマにするやうなものを食ひたがる，お茶が好きで，斯道の通人そこのけに煎茶の良し惡しまで味はひ分けるといふ，實に......つまり麒麟兒（Wunderkind）なのである。後世恐る可し，即ち『此の子はどうせ碌なものに成らないだらう』といふ意味に於て。

だから，獨逸文學は日本ではなかなか大衆的になり得ない。
　ちよつと斷はつておく，日本人の性質を事毎にこきおろすのは私の愛國心だから，どうしても已むを得ない。かういふ問題ではなる可く民族的偏見を超越して物を考へたいとは思ふけれども，どんなに超越しても，日本人といふ意識だけははつきりと殘るのは神ならぬ身のどうにも致し方がない。しかしまあ，觀光團のガイドみたいにその邊に立つてゐる物を片つ端から稱揚して，後でそこばくのお鳥目を押し頂くよりはいくらか氣持が好いと思つてゐる。

　　觀念は何によつて高遠，何によつて切實なりや？——觀念の本領は，『高遠にして切實』，この相反する二側を有する點にある。單に高遠なるのみにして切實なることなければ，それは『僕は陸軍大將になるんだ』とちつとも變らない。單に切實なるのみにして高遠なることなければ，それは『どこかに就職口はないか』と同じである。

　高遠といふのは，結構には違ひないが，現實，すなはち事の實際，目前の事實とは餘りにも懸け離れてゐて，常人の心理としては先づ豫め以て投げ出さざるを得ない種類の事柄を形容して用ひることばである。その『結構さ』が大したもので無い時には，或ひは頓狂と呼び，或ひは世間知らずと呼び，或ひは頑冥不靈と呼ぶ。これらの形容詞はすべて觀念が『現實と距たつてゐる』ことを指摘して滑稽化しようとする言葉である。なほその外に『迂遠』とか『形式的』（pedantisch）とかいふ概念もあるが，これらは私が只今述べてゐる『觀念の生動』とは，直接には關係はない。それらは『生動せざる』觀念の惡口であつて，『生動せる』觀念に對する惡口は大抵『頓狂』，『世間知らず』，『頑冥不靈』，その他これに類する形容詞である。

　たとへば，また Heiteretei と其の壁の話に戻るが，同じ

Pedantierie（形式一點張り，固陋）にも，內に觀念の生動せるものと，然らざるものとの間には格段の相異があることがわかる。ハイテレタイが空氣の中に壁を見んと欲するのは，たとへば年增婆さんの舊弊や固陋，或ひはお役人の融通が利かぬのとは全然話が別である。もしさういふ意味の觀念をハイテレタイが持つてゐるのだつたら，あすこの個所は小說の一個所として，ちつとも面白くない。彼女は『わかつてゐて』やつてゐるのである。だから面白くもあり、心理的迫力もあり，觀念の生動も感ぜられるのである。觀念の『固定』と觀念の『硬化』とは全然別個の狀態である。

彼女の場合にあつては，壁の問題は，單に自分の頭の中の……（此處でどうしても「觀念」といふ言葉が必要になつて來る）『觀念』の象徵としてのみ一見形式的なるかの如き重要さを帶びて來るのである。彼女の觀念は『生動』するの餘り『硬化』したのである。過去の惰性で gedankenlos に形式の軌道を走つてゐる婆さんやお役人とはちがふ。（觀念は『生動』を止めると『固定』する。）

私がドイツの哲學文學の本領を觀念の生動と呼ぶのは，これと同じ意味に於てである。（生動は，直接には硬化の危險を含み，間接には固定の因を孕む，これが生の Dialektik である。）

觀念の生動が，ハイテレタイの壁と同じ意味に於て，好んで一見『固陋なるかの如き』外形を且つ墨守し・且つ死守し・且つ討死し且つ迷うて出るものである。此の或種の Pedanterie の硬化的迫力に對する實感を持つてゐない人にとつては，たとへばドイツ文學，ドイツ哲學の最も重要なる部分は全然馬の耳に念佛である。

これで，豫め述べておいた『高遠』と『切實』との關係は明らかになつた。『觀念は高遠にして切實といふ二つの相反する性質をもつてゐる』と云つたのは少し誤りであつた。觀念の場

合に限つて高遠と切實とは決して相反する性質ではない。切實なるが故に高邁となり，高遠となり，遼遠となり延いては更にまた頑冥となり不靈となり，時とすると外形偏重・形式一點張りとすらもなるのである。而して之れを一貫して鞭打つものは觀念の生動である。

　觀念の生動せざる頭は幸なるかな。左樣な頭は惱みを知らない。左樣な頭は蟠まりを持たない。左樣な頭は融通が利く。左樣な頭は天國に行く。そして天國へ行つた後と雖も今生に於けると同樣にくだらないであらう。

　　 不自然と云ふ感じに就て。——いつたい日本人は「自然な」，「無理のない」考へ方を好む。佛蘭西文學の方が一般向きがするのも，一つは此の點から來てゐる。一つの論をするのにも，いかにも仔細ありげに，萬事嚙みわけたやうな顏をして，『すこぶるもつともな』，そして同時に『當り觸りのない』，『天地の心に悖らない』やうな，『無爲にして化した』やうな，『居ながら神の御心に適つた』やうな，『まるごと救つて頂いた』やうなことを云つて，いやに年輩不相應なオンボリした理窟を並べる。激越なことを云ふと結局いろいろな隅つこから破綻が起つて來て身の爲めにならないと云ふことをよく心得てゐて，本能的に功利的だといふのだか何だか，要するに好い意味に於ても惡い意味に於ても『無難なこと』，『無理のないこと』，『自然なこと』を好む。調子が取れてやがつて始末にいけない。纒まつてゐやがつて厭になつちまふ。そして年はいくつだと訊くと，たとへば二十歳だと云ふのだから，開いた口が塞がらない。

　かうした日本人式の感じで接すると，ドイツの哲學・文學は，到る處『無理だらけ』な，『不自然』な氣持がするかも知れない。それがまた結局は僞らざる正直な感じなのだらう。敎養慾や精神的野心で腹の皮がつつぱつてゐる連中は，多少變だなと

思つても，さうした人達に特有な或種の瘦我慢でもつて，『いや，面白くなくても面白い！』と自からを叱咤激勵しながら實感にお鍋の蓋をしてしまふであらうが，てんで敎養慾のない大衆は實に正直で，獨逸文學なんてものはてんで受けつけない（これがわが國では辯證論のB，すなはちAntitheseとして一役演ずるだらう）。哲學といふやつは，大衆とはまづ直接關係はないし，それに哲學はいづれにしてもむつかしい物と覺悟してゐるから，割合そんな問題は起らず，その代りにはまあハイテレタイの壁と區役所の窓とをごつちやにしたやうな誤解や，乃至不姙症不感症から來る色々なトンチンカンも行はれてゐようが，まあ大體に於てドイツに對する研究は活潑に行はれてゐる。問題は文學の方である。

　『慾』が無いんだからどうにも始末にいけない。肥びしやくの柄の取れたのと慾のないのとばかりは，どうにも全く手がつけられない。

　不自然だとか無理だとか云つたやうな感じも，やはり結局は此の慾がないと云ふ事實から來るのである。不自然といふのは，つまり自分を自然と見て，それに較べて不自然と云ふのであり，無理といふのは，自分の狀態から出立して考へて，自分の中に無いやうなものを強要されることになるから，それで無理といふのである。慾のない者が慾のある者の振舞を見て『不自然』と思ふのは當然である。觀念の生動が，觀念の營養不良にとつて無理なのはわかり切つてゐる。それはたとへば小兒におとなしくして居れといふのが無理であり，爺さん婆さんにチヨコチヨコしろと云ふのが無理であり，病人に運動しろといふのが無理であり，健康者に寢て居れと云ふのが無理なのと同じわけである。

　けれども，日本人の中にも，全然觀念の動きがないわけでもない。生動とまでは行かなくとも，少くとも胎動のごときもの

は看取される。此の胎動は頗る貴重である

　かつて露西亞文學が取り入れられたごとく，現在フランス文學が取り入れられつゝあるごとく、やがては獨逸文學ががその使命を我國の文壇に果す時代が最近の將來に待つてゐないとは誰に斷言できよう。如何となれば，既に最近十年以來の我國の精神文化史の實際がこれを示して來たごとく，大衆とか國民性とか云つたものは，なかなか公式的な考へ方では律し得られない，端倪すべからざる一側を持つてゐるもので，案外なことも可なり多い。だから，必ずしも日本人は觀念の生動に適せざる國民であるときめてしまふわけには行かないだらう。きめてしまふわけに行かなければ幸ひである。

　　□□　**獨逸文學研究者の使命に就て**。——以上述べた所によつて，今後ドイツ文學の研究に進まんとする人々，現在ドイツ文學の研究に從事しつゝある人々の，我國の現狀を對象としての使命には，おのづから炳乎たるものありと云へよう。かれは，英文學者の如く，英語といふ廣い需要のある語學と結びついて社會の凡ゆる方面に廣汎な實際的活動の野を見出すことはできないであらう。かれは佛文學者の如く，ちよつと齒切れの好いハイカラな事を知つてゐるやうに大衆からかつがれて，大衆と非常に緣の近い色々なものを，飜譯したり演つたりして，あつちこつちで簡單に我國の實際文壇生活と接觸を保つといつたやうな事は出來ないであらう。いはゆるヂヤーナリスチツクな方面では，ドイツ文學はすこぶる不振である。ドイツ文學研究者には「現在」は屬しない。その代り恐らくは，もし彼がドイツ文學に眞に忠實であるならば，『將來』がかれに屬するであらう。なぜ『將來』がかれに屬するかは，さう簡單には說明できない。それは一種の『運命への信賴』である。如何となれば，ドイツ文學は，只今の日本の大衆からはさう持て囃されないだけ

に，それだけにまた只今の日本の大衆には全然缺けてゐるものを持つてゐるからである。時勢と大衆は，地球そのものの如く，一向動かないやうでゐて，しかも何時の間にか反對側に向いてしまつてゐるといふことがある。日本の大衆は觀念の生動がない，調子が取れすぎてゐていかん，と私が聲を嗄らしてどなつてゐるうちに，呶鳴る私も呶鳴られてゐる大衆も，いつの間にか動いて，知らないうちに驚くやうな所へ來てしまはないと誰に斷言できよう。さうなればもう呶鳴るのも意味をなさなくなり，或ひはまたちがつた事を呶鳴らなければならなくなるだらう。——ドイツ文學研究者の役割はさういふ時に生きて來るのである。研究はそれからしたのではもう間に合はない。研究には時日がかゝる。それまでにして置いただけが其の時に生きて來るであらう。

いづれにしろ，英文學は實際的功利的見地からでも這入れる，佛文學は單なる「文學青年」として這入つても充分報ひられるところはあるだらう，ドイツ文學だけは，以上のやうな内面的・外面的の兩方面から，よほど志の固い，努力的な，その人自身が多少觀念の胎動を感じてゐるやうな性の『有邪氣』な人でなければ志す可きではないと思ふ。

一番よく向くのは，たとへばハイテレタイの如き負けん氣を精神問題に關しても持ち得るたちの人である。さういふ人はむしろドイツ文學でなければ救はれないと云つても別に無責任なアヂではないだらう。

——終——

Doch とは何ぞや？

Doch とは何ぞや？

小先生　先生，今日は一つ doch に關する御高說を伺ひたいものですな。こいつはよく學生に問はれて閉口するのです。『doch の用法には幾通りもあつて，一寸さう簡單に述べるわけにも行かないね』とか何とか云つてお茶を濁しては居ますが，實のところ私にもよくは解らないのです。

大先生　用法は勿論幾通りもあるけれども，それらの幾通りもの用法の間に何の共通點も無いかの樣に思はせては，學生が困るでせうな。

小先生　學生ばかりぢやない，私が第一非常に困るのです。辭書でも研究したら少しは本質らしいものが摑めるかと思つて，ありとあらゆる辭書を片つ端から調べて見ましたが，doch の用法の分類こそしてあれ，全體を一貫する主義乃至本質と云つたやうなものにはちつとも觸れてゐない。結局どの點が重要でどの點が附帶的なのか，どの意味が根本的でどの意味が派生的なのか，遂に要領を得ませんでした。勿論，個々の場合をはつきりと研究して行きさへすれば結局は解るのかも知れませんがそれぢやあ先生が務まりません。先生をやつてゐるからには何か斯う簡單な便利な敎へ方を定めて置きたいと思ひますからね。

大先生　それは，「譯語」で敎へて行くのが一番手つ取り速くはないでせうか。

小先生　ところが，どの辭書を見ても碌な譯語が一つもありません。片山氏の獨和では「それにも拘らず」（dennoch, trotzdem）が出立點になつてゐて，Sie (=die Erde) bewegt sich　doch（それでも地球は動く）といふガリレイの言が引用されてゐます。權田氏のでは，（接續詞）「けれども」「然し乍ら」「それにも拘らず」が劈頭に上つてゐる。これを以て見ると，

dochの根本義は大體「しかし」「それにも拘らず」と云つたやうな點にあるらしく思はれます。（接續詞にしろ副詞にしろです）——けれども，それならば何故 aber や trotzdem とは全然違つた用法が生じて來るか，たとへば權田氏の辭書では，その直ぐ次にKennst du mich nicht? Doch, doch.（おまへは僕を知らんのか？　知つてますとも，知つてますとも）といふ問答が文例として擧げられてゐますが，かうした ja と同じ意味の doch が「しかし」「それにも拘らず」とどう云ふ關係に立つてゐるのだか，要するに一向わかりません。辭書こそは譯語に全重心を置いて本質を明らかにすべきものでせうにね。

大先生　「しかし」や「それにも拘らず」では doch の本質は解りさうにもない。それらは寧ろ一つの特殊な用法の場合であつて，私は「やつぱり」「やはり」といふ譯語から出立しないといけないと思ひますね。

小先生　なるほど，——してそれはどう云ふ意味で仰言るのですか？

大先生　勿論如何なる場合にも「やつぱり」が當てはまると云ふのではありません。時には「どうも」に當ることがあり（これは辭書にも出てゐます），時には「流石に」と云つた方が好いことがありませう。けれども，要するに，ドイツ語をやる人が苦勞をする場合の過半部を一擧に解決する絶好の譯語としては，私はやつぱり「やつぱり」を推擧したいと思ふ。その方がやつぱりハッキリします。では少し理窟を捏ねませう。「やつぱり」とは何ぞや。

小先生　やつぱりと云ふのは……やつぱり「やつぱり」ですな。

大先生　さうです。それは貴君が生れた時から日本語をやつてゐるお蔭で，やつぱりは，やつぱり「やつぱり」より云ひ方がないのです。けれども，假に此の「やつぱり」といふ一言不

可說な現象をつかまへて，これを多少論理的に分解して見るとしたら，さてどう云ふ風に云つたものでせう。

小先生　一寸云ひ樣がありませんな。

大先生　そんな頭の働き方では駄目だ。——では一つ「やつぱり」といふ現象をホゴして見せませう。つい二三日前，雪が降りました。此の冬は，どうも雪が降らなかつたから，私は實は天文臺の人たちが雪を忘れてゐるのぢやないかと思つて，「雪はどうしました，雪は」と一言ハガキを書いてやつたら，それで思ひ出したのだかどうだか，とにかく急にあはてて降り出した。その日，知人にでくわしたら，その男「やつぱり降りましたね」と云つて，にこつと笑つた。

「やつぱり」とは何ぞや？　——「此の調子ではもう斷然降らないことに決心でもしてゐるのかと思つたら，實はさうでもなくて，『やつぱり』『降つた』——此の構造に注意を要します。「やつぱり」は，必ず「否定」から出立して「肯定」にかへります。

小先生　なるほど，否定から出立して肯定にかへる……

大先生　「さすが」も同じです。さすがに降つた，とも云へませう？　Es hat doch geschneit です。doch（やつぱり，さすがに）は，必ず「さうでないかと思つたら」「さうでないと貴方は仰言るが」「さうでないと云ふ事に普通はなつてゐるが」「貴君は反對かも知れないが」と云つたやうな無言の否定的基礎が必ずその一歩手前に潛伏してゐるのです。

小先生　一歩手前に否定があると云ふと，例の nicht…… sondern…… といふ形式をすぐ考へますが，では sondern とどう違ひますか？

大先生　定義をもつと嚴密に考へて下さい。否定から肯定に「移る」のではありませんよ。否定から肯定に「歸る」のです。もつと嚴密に云ふと，同じ事實に關する甲の規定を捨てて乙の規定を取る時は sondern です。同じ事實に關する否定的宣言

を暗默裡に認められたものと考へて，それを打ち消しつつ「元の肯定に歸る」のが doch です。歸るといふ以上は，本來は肯定であつたにちがひない。故に，極く細かく論理的に考へると，肯定から否定になりかけて，こんどまた改めて肯定に歸る時に「やつぱり」と云ふわけです。つまり三つの段階を驛とする二つの運動です。Es hat doch geschneit でもさうで，「やつぱり」なる現象の潜在的階段を順次に昇るとすれば，

[第一段階＝肯定]　元來雪は毎年降るとしたものである。（きまつた話）
[第二段階＝否定の動き]　ところが今年はひよつとすると降らずに終るのではあるまいか？
[第三段階＝肯定への逆戻り]　いや，『やつぱり』降つた。（『さすが』は冬だ）。

此の三つの Momente（考因，因子，要件）は，どれが一つ缺けてもいけないので，その各々が，時には或一種の型に限定されたり，或ひは前景に乗り出したり背景に引つ込んだりするに從つて doch の諸種の用法が生れて來ます。Kennst du mich nicht? といふ問に對して，doch, doch! と答へるのなぞもそれで，自分の方では勿論相手をよく知つてゐる心算でゐる，それに相手が「おまへは俺を知らない」と主張して來る，こちらではそれをまた否定して元通りの肯定に引き戻す……要するに前述の三要件をちやんと兼備してゐます。「やつぱり」の方では，三段階とも自分の心の中の動きであるに反して，「いえ知つてゐます」「知つてゐますとも，知つてゐますとも」「なあに知つてゐます」といふ doch の方では，第二番目の否定的 Moment が「相手」の方にあるといふだけの話です。——また，片山氏の辭書にある Sie bewegt sich doch!（いや，や

つぱり動いてゐるさ）なぞも絶好の例で，これは，宗教方面の彈壓によつて地動説を撤回させられた Galilei が，一たんは「では地球は不動といふことに致しておきます」と折れたものの，學者の確信ばかりはどうにも仕様がないので，此の不本意な Dementi ［デマンティー］（取消し）に附加して，「でもやつぱり動いてゐるんだがな」と口走つたといふ（伊語 *Eppur si muove!*）その言葉です。伊語の *Eppur* が日本語の *Yappari* にちよつと似通つてゐるのは妙ですな。

　以上は，接續詞の場合を假に問題にしないで，主として元來の「副詞」の場合のみについて述べたのです。勿論 doch には色々な場合があつて，それを完全に羅列するとすれば，とても時間がかゝるでせう。けれども，本質を主として問題にすると，まづ「やつぱり」を中心にして考へ，それから出發して次に命令文，嘆願文の doch，返事としての doch，關係文内の doch と云つたやうに分類して行かなくてはなりません。

　小先生　只今の, doch, doch! といふ返辭ですが，これを「肯定を強めるための doch」と云つてゐる文法學者がありますが，さう云つてもよろしいでせうか？

　大先生　それは大變結構です。なるほど肯定を強めるにはちがひない。けれども，「強める」だけでは説明にならない。どうして強めることになるのだか，その根據がなくつては駄目でせう。前述の三つの Momente から説明すれば，それが明らかになります。一つの事實を強く肯定すると云つたつて，たゞ「強く」云ふきりではしかたがない。それを一度試みに否定して見て，その否定によつて生ずる無理な點が充分意識されるに及んで，また元の肯定に復歸するといふと，その一見無益な往復によつて，最初の單一なる肯定が今度は堂々たる機構を得て，内面的に鞏固なものとなつて來ます。いやに七面倒な理窟だが，まあよく考へて見て下さい。これがつまり『肯定』といふ簡單

な事をやる際に人間に與へられてゐる謂はば只一つの論理的手管なのだといふ事を意識する必要があります。AはBだ，といふ事を云ふのに，まづ，AはBでは無いのではあるまいか？と考へてみる，さうした後にまた，『いや，やつぱりAはBだ』といふ結論になる，といふと，一寸考へるといふと途中の否定はまるで無駄なやうだが，決してさうではありません。第一回目の『AはBだ』と，第二回目の『AはBだ』とは，結論としては同じだけはども(ママ)，物が全然ちがひます。かうした關係（といふよりはむし(ママ)運動・發展）を稱して哲學者は辯證論的運動（dialektische Bewegung）と呼んでゐますが，さうした筋路を只の一語で云ひ表はす doch とか，『やはり』とかいふ簡單な言葉があるといふのは實に面白い事ではありますまいか？

小先生 いや，よくわかりました。「さすが」は大先生，「やつぱり」巧い。Sie sind doch ein Meister in solchen Dingen! これで宜しいでせうか？

大先生 人を褒めながら及第するなんて却々隅には置けませんな。

小先生 えゝ，どうぞこれからは眞中に置いて頂きたいと思ひます。──蛇足かも知れませんが，私にも一寸觀察を述べさせて下さい。私が只今云つた Sie sind doch ein Meister in solchen Dingen（あなたは，かういふ種類の事にかけては「さすがに」名人だ）の doch「さすがに」ですが，此の「さすがに」が，決して先生を貶すことにはならないで，むしろ褒めることになるといふには，これにも一寸何か譯がありさうに思はれますね。只今の先生のお話を其の儘拜借するとすれば，斯う申す事も出來るでせう。即ち，「さすが」に偉い，「やつぱり」偉い，といふ文句が，その人を褒める事になるといふのは，

[第一] 貴君が元來偉いといふ事は既定の事實であり

ます。（これが肯定的出立點）

[第二]　然し，今回の一件は一寸別なんで，今回だけは偉くなからうと思つた。（少くともさういふ否定的意識が一寸動いた）

[第三]　けれども案に相違して，今回もやつぱり偉かつた。

　以上の三要因の中，第二が非常に弱くて，（即ち殆んど意識に上らなかつたほどの幽かな影に過ぎなくて）第一第三が非常に強調されてゐる，むしろ第一が非常に力強く暗示されると云ふ點で，「さすがに」や「やつぱり」が褒める意味になるのではないでせうか？　これがもし「偉くないと思つたら，さうではなくて案外偉かつた」（第一が缺ける）といふだけの要因から成つてゐるとしたら，「さすがに」偉いと云はれるのはむしろ其の當人にとつて非常な侮辱でせう。「偉くない」ことが出立點だとしたらですね。

大先生　御說の通りです。aber（然し）や trotzdem（それにも拘らず）と異るのも亦その點にあります。前述の三要因のうちの，どれかに重心が行くことによつて，doch のいろんな形態が生ずるわけで，「さすがに」は其の單なる一例です。強い肯定といふのも亦一つの一例です。その他，doch の此の本質を出立點として，少くとも十個以上の形態が生れます。また接續詞として用ひられる doch も一つの型をなしてゐます。

小先生　aber や trotzdem とは違ふといふ御說ですが，併し接續詞として用ひる際の doch は，日本語でも「然し」と譯して一向差支へないと思ひますがどうでせう。

大先生　勿論さうですとも。最初にもお斷りした通り，今日說明したのは副詞としての doch を主にしたもので，また此の副詞としての doch が他國人には最も困難だから，doch の話

をするとすれば,之れが最も自然でせう。たとへ學生にお話しになるにしても,あまり系統的に考へすぎて,云はなくても好い餘計な事まで話の順序として仰言つたりなどするのは不可ませんね。

小先生 私がそんな事をする癖があるといふ事をよく御存じですね。

大先生 知つてた譯ぢやない,一寸言つて見たのですが……さうですか,ではそれはお止しになつた方が好い。

言語に於ける『可能性の濫用』

言語に於ける『可能性の濫用』

　言語と思想，もつとはつきり云へば言語と表象との間に支配する關係には色々と面白い事實がありますが，その中でも，言語が表象の出發點となる場合ほど面白い事はありません。

　人は普通言語が表象から來ると思つてゐる。即ち『かう云ふ考へ方があるから從つてかう云ふ言ひ廻しが起つて來る』といふ風に考へてゐる。それはなるほど大體に於て正しい。けれども，細かい事になると云ふと，その眞向の反對もあると云ふ事を忘れてはならない。即ち『さう云ふ言ひ廻はしが出來るものだからついさう云ふ考へ方が起つて來る』と云ふ場合がかなり多いのです。

　もつと露骨に云ひますと，人間と云ふ奴は單に『考へられる限りの事を言葉にする』存在ではなくて，同時にまた『言葉になる限りの事を考へる』動物なのではないでせうか。

　たとへば，日本人だつたら『腹の底でクツクツ笑ふ』と云ふ。この『クツクツ』は，これはどうしても『クツクツ』でなくては不可ないので，『クスクス』では面白味の半分が失はれてしまふ。『ス』では息が抜けてしまつて腹に力が籠らない。『ツ』といふ閉鎖音にして初めて笑ひが腹の中で内攻して腹の皮をピクピクさせることが出來るのです。——さて此の『腹の底でクツクツ笑ふ』といふのをドイツ人だつたら何と云ふでせうか？

　ドイツ語には日本語のやうな onomatopoetische Adverbia が甚だ少ないから，クツクツといふのは一寸どう云つたら好いかわからないが，その代りには日本語に無い可能性があつて，たとへば in sich hinein lachen（己れ自身の中へ向つて笑ひ込む）などと云ふ事が出來ます。此の in sich の „in" の用法が今日の Thema ですから，その心算でお聽きねがひます。

此の，日本語の表現のクツクツといふ形式とドイツ語の in + Akkusativ の用法との間には勿論語學的に何の關係もあるわけではありません。in　の話をしようと思つて喋舌り掛けたら，譯文の日本語から偶然此のクツクツといふ奴に逢着したまでの話です。けれども考へて見ると，今日の考察に大變關係があるから，此の，クツクツとかゲラゲラとかヘラヘラとかニヤニヤとかグニヤグニヤとか云つたやうな，擬音的副詞のことも一寸考へて見ませう。こいつは正に日本語獨特だ。日本人は單に顔の兩側に耳を持つてゐるのみならず，氣持の兩側にも耳を持つてゐて，たとへば何か激しい光を發するものを見ると，或ひは其處に「ピカツ」といふ音響を聽取し，或ひは「ギラツ」といふ音を聞く。物によると「ギヨロギヨロ」といふ音を發したり「キヨトキヨト」と響いたり，「ヂロヂロ」と響いたりする。眼光の發する音響の中で最も小さなのは「チラ」といふ音です。あなたがドイツ語をやつて速く進歩すると，日本人は其處に「ドシドシ」或ひは「グングン」といふ音響を聞く。あまり進歩しないとそれは「ボツボツ」とか「ノロノロ」とかいふ音を發する。たとへ何もしないでゐても，――何もしないのに音のするわけはないのだが――日本人は其處に「ポカン」とか「ボヤボヤ」とか「グヅグヅ」とかいふ音響を聽き分ける。全然音響のない場所にすら日本人は「シーン」といふ大きな音がすると主張する。ドイツ人が表現主義なんてものを發明したのは今からでも好いから公けに取り消して貰ふ必要があるので，日本人の耳はとつくの昔に超特最高級的表現主義だ。

　小兒が歩くとヨチヨチといふ音がしたり，大人が歩くとテクテク，令嬢が歩くとシヤナリシヤナリ，お叩頭をするとペコペコといふ音がするといふことは，これはまあ或ひは多少精巧な聽音器で聽いたらそんな音がするかも知れないけれども，腹が立つ時にムカムカツといふ音がしたり，孤立してゐる物がポツ

ンといふ音を發したり，並んでゐる物がズラリと鳴つたりする事は科學的にはどうしても證明できない。これは日本人の耳が少しどうかしてゐるに違ひありません。

　これらを，『聽覺の感覺への轉用』と呼ぶならば，此等の轉用にはたしかに氣持で首肯できるやうな基礎がある。たとへば最後に擧げた『ズラリ』などにしてもです。並んでゐるものの形容にズラリと云ふのは，これは確かに，たとへば手の平に一摑みの五十錢銀貨を載せて，それを「ザラリ」と机の上に抛げ出した時の音に近い。但し「ザラリ」と並んでゐるのでは，少し散らばり過ぎて，亂難な感じを與へていけない。「無造作に」一直線を引いたやうな感じが必要である。それには，たとへば泥路で足を滑らしたやうな「ズルリ」といふ音の一部（即ち「ズ」）を取つてザラリを一寸改編する必要がある。そんな感じが働いて，結局まあズラリといふのが出來たのでせう。「ズ」は御存知の通り「辷る」音（「ズバリ」，「ズルズルツ」，「スルスル」，「スラスラ」）であり，同時に直線の表現です（スーツと，ズーツと，ズンズン），「ラリ」といふのは，力の拔けた，惰性的な擧動の發する音らしい。（「ヒラリ」，「ノラリクラリ」，「フラリフラリ」，「カラリと晴れた」，「キラリと」，「サラリと」，「ブラリブラリと」）──つまり，「ラリ」といふのは，とにかく何でも「無造作に，輕くなした一擧動」の際に生ずる圓滑なる音響にちがひない。そして「ズ」の方は，「ズーツと」「スーツと」でもわかる通り，とにかく輕い摩擦が眞直な方向に向つて進む音だ。輕い物體ならスーといふが，少し重いと壓力が加はつてズーになる。石の羅漢さんなどはかなり重いから，スーツと曳くわけには行かない，やはりズーツといふ音がする。無造作になる一擧動（＝ラリ）を以て一定の方向に向つて重々しく滑らせた（＝ズ）際の音響，これがズラリです。

　要するにとにかく音響だ。音響の轉用です。

これらの轉用は，換言すれば濫用です。少くとも或る時代には濫用であつたに相違ない。元來日本語には，音響の世界を表現する擬音詞が非常に多くて，さうした形式が手に入つてゐるものだから，手に入つて居る形式はツイ類似の場合へ轉用したくなるのが自然で，たとへば軍用語を政治の野へ（戰線，陣營，突擊隊，間接射擊），消化に關するものを理解に關するものへ（齒が立たぬ，消化されてゐない，よく呑み込めない，嚙んで含める樣に）轉用する等は，これはもはや萬人の認めたものとなつてゐます。殊に軍用語の濫用の如きは，現在が流行の頂點でせう。

　一般的に云ふならば，言語には凡て或種の可能性なるものが開けてゐる，そしてその可能性は濫用される。但しその濫用は，ある時代には盛に行はれるが，或時代にはまたピツタリ止んでしまふ。例へば，此の「ピタリ」や「ズラリ」など，前述のいはゆる「聽覺の感覺への轉用」なるものは，非常に面白いものではあるけれども，それはもはや發展の時代を通過してしまつた後の遺物，いはゞ死火山のやうなもので，もう類造するわけには行かない。ごく時たま，たとへば「ジヤンジヤンやつつける」なんてものが，思ひ出したやうに一つや二つ新造されることも無いではないけれども，それはむしろ例外とも云ふべき現象であつて，活火山の時期はとにかくもうとつくに過ぎ去つてしまつてゐる。

　それは，たとへば漢字を以てする新造が現在如何に可能性として濫用されてゐるか，（米機，安打，精動，辛勝，金獻，援蔣，操短，）また今後なほ如何に濫用される餘地があるかといふ事實と對照して見るならば，その間の差別は云はずして明かなるものがあるに相違ありません。

　合成名詞の可能性に於ては，ドイツ語も亦日本語の漢字の場合に匹敵するほどの自由を持つてゐますが，可能性一般について云ふならば，ドイツ語はその他の方面に於ても亦，まだ多く

の流動狀態を呈してゐるといふことが出來ます。その最も面白い例は，或種のアイマイな前置詞の用法であつて，今日述べようと思ふ in sich hineinlachen の in なども，その一つの例です。此の in sich hineinlachen を，死火山，即ち，既に濫用を許さなくなつた語法，即ち辭書に登錄される可き「成句」「熟語」だと思つてはいけません。死火山の多い英語や佛語をやつて，その觀方でドイツ語を見る人は，うつかりすると，何かかう一寸した變つた言ひ廻はしに出くわすといふと，すぐに之れを死火山だ，熟語だ，と思つてしまふ癖がある，そして，その文句が辭書に載つてゐないのを見て，どうもドイツ語の辭書は不完全でいかん，などといふ，それは實感が間違つてゐるので，さうした考へ方は，一見嚴密のやうであつて，其の實嚴密の正反對，即ち認識不足だと思ひます。如何となれば，現在動きつつあるところのものを指して不動なりと思惟するのが認識不足でなくて一體何が認識不足でせう......とまあ云ふ事になるではありませんか。

　動けるものを動けるものとして認識すること，極言すれば，あいまいなる事柄をあいまいなる事柄として認めること，これ即ち嚴の嚴，密の密なるものでありますまいか。

　但しです。只今の方針はもう少し詳しく云ひ直す必要がある。動けるものを動けるものと認めることは阿呆にでも出來る。動けるものを動けるものとして認めると同時に「其の動きを規定」しなければならない。曖昧を曖昧として以て曖昧に葬つたのでは駄目で，曖昧を曖昧として以て其の曖昧をくつきりと輪廓づけなければならない。換言すれば，その曖昧は，如何なる中心を有し，如何なる方向に向つて如何に動きつつある曖昧であるかを，寸分たがわず描寫し盡した八面玲瓏たる曖昧でなくてはならない。

———〰〰〰———

前置が少し長くなりましたが，in sich hineinlachen の說明の準備として，日本語の擬音的副詞を引合ひに出したのは，要するにどの國語にもそれ獨特の可能性と云ふものが備はつてゐて，其の可能性が備はつてゐるために其の國語に特有な或種の考へ方が發展するといふ事實を述べようとしたのです。如何となれば『己れ自身の中へ向つて笑ひ込む』などと云ふ考へ方は，日本人だつたら想ひも及ばない事ですが，既に in と Akkusativ が或種の可能性を提供してゐて，さうした考へ方の傾向が文法によつて與へられてゐる獨逸語では，他の國語ならば夢にも考へないであらう樣な考へ方が，何かの機會に極く自然に起つて來るといふ事は充分考へられます。その點は，今までに述べた，聽覺の感覺への轉用が，擬音的副詞の少ないドイツ語では夢にも考へないであらう樣な，これはまた實にすばらしく藝術的な日本獨特の考へ方を發達させて來たのと同じことであつて，敢てドイツ語のみを面白ろがらなければならない謂はれは何處にもないのであります。

> 動作の象徵的方向の表現に用ひる in

先づ in sich hineinlachen を少しく變へて用ひて見るといふと，この sich の代りに，結局何を用ひてもよいので，hinein も，これも hinaus でもよろしいが，in はとにかく in でなければいけないので，たとへば，次の如く無限に製造することが出來ます（jemandem ins Gesicht lachen 等は既に成句として，省くことにして，勝手に作つたもののみを擧げます）：

    ins Zimmer hineinlachen.   部屋の中を覗いて笑ふ
    ins Schnupftuch hineinlachen   ハンケチで口を隱して笑ふ
    ins Glas hineinlachen   コップを口にあてて笑ひをごまかす
    ins Publikum hineinlachen   舞臺から見物席を見下ろして笑ふ

in die Nacht hinauslachen	夜天を仰いでカラカラと打笑ふ（等）
in den Tag hineinlachen	其の日其の日をヘラヘラ笑つて暮らす
in den Morgen hineinlachen	朝つぱらから景氣よく笑ふ

　譯語は，すべて氣持を表現せんとして，ドイツ語とは全然離れた言ひ方にしてありますが，分解通りの意味を考へながら譯語を考へて下されば，in の意味がどんなに曖昧なものであるか，また同時に，なにか斯う，一寸一口では云へないやうな共通點がありさうだといふ事がわかつて來るでせう。

　よく考へて見ると，此の場合の問題の中心は，in den Tag hinein とか，in die Nacht hinaus とか，in die Welt hinein とか云つたやうな，一寸考へると大した意味もなささうな副詞句になつて來るのですが，これらの句は，Tag, Nacht, Welt, Leben, Abend, Morgen 等の場合には，謂はば成句をなしてゐるやうな感じを與へますが，それと同じやうな in を，普通一寸用ひないやうなものと結びつけて用ひることがあつて，さうした全然の發明をも加へて考へて見るといふと，此の種類の in には，何等かの本質があつて，ドイツ人はその本質を本能的に理解してゐて，かなり危險つかしい場合にもどしどし用ひ，しかも決して危險つかしい（gewagt）感じを與へないで，それどころかむしろ非常に面白い感じを起させ，しかも非常に好い熟語，成句であるといふ感銘を與へるのです。たとへば次のやうな例はどうでせう：

　　[1]　Und dann wandte sich der Weinende wieder weg, ließ den Kopf wieder sinken und *schluchzte leise in die Decke.* [*Schnitzler: Ein Abschied*] さうした後，彼は泣きながら顔を外向け，頭をうなだれ，夜具に顔を押しあててしくしくと啜泣いた。

[2] Ich will den Brief dem Fräulien in die *Maschine diktieren*. [*R. Musil: der Mann ohne Eigenschaften*] その手紙は女史に口授してタイプライターで打たせよう。

[3] An der Tür *sangen* sie „Deutschland, Deutschland über alles" *ins Stoßen der Räder hinein*. [*Renn, Krieg*] ドアーのところでは、轟々たる車軸の騒音に相合して、『ドイツは世界に冠絶す』を呶鳴つてゐた。

[4] wenn der Liebhaber sie umarmte, stemmte sie beide Arme gegen seine Brust, und er *küßte in die Luft*. [*Otto Ernst: Vom Strande des Lebens.*] 愛人が彼女に接吻しようとすると、彼女は兩手で彼の胸に突つかい棒をかつて、男のキツスは宙に迷つてしまふのであつた。

[5] Was das Kind für ehrenrührige Ausdrücke braucht, sagte der Maler und *schmunzelte in sein Glas hinein*. [*Tieck, Die Gemälde.*] 妙に感情的な文句を使ふ女だな、と畫家は云つて、コツプを唇にあてがひながらニヤリと笑つた。

[6] Er machte nichts als Dummheiten, lachte und stöberte um das Haus herum, setzte sich in die Sonne und streckte die Zunge heraus oder hielt lange Reden *in die Bohnen hinein*. [*Keller, Romeo*

und Julia auf dem Dorf.] かれのする事なすことがトンチンカンで，ゲラゲラ笑ひながら家のぐるりを何かごそごそ搔き廻はしたり，日なたに腰を下ろしてペロツとベロを出してゐたり，豆畑の方を向いてしきりに演說をしたりするのであつた。（發狂した男の描寫：家のぐるりに豆畑がある）

かうした場合には，どういふ考へ方の in かといふに，それは，とにかく或種の方向を指してゐるものだといふ事は疑ひを容れないが，さて其の方向といふのが，その場合用ひられる各々の動詞に對して一たいどう云ふ關係に在るかといふ事になると，氣持としては先づ大體わかるやうな氣がするけれども，これを定義するとなるとかなりむつかしい。

けれども，差し詰め先づ之れだけの事は云へます，即ち：これらの in sein Glas hinein とか，in die Maschine とか云つたやうな句は，其の場合の動詞と較べて見るといふと，とにかく多少奇拔な組み合はせである。即ち，その動詞の意味から出立すれば，元來ならば一寸言へない筈の規定句を伴はせた譯である。

では一たいどう云ふ點が奇拔か？　この點をなほもう一步突つ込んで正視して見ませう。

その爲めには，先づ，奇拔でない通常の場合と比較して見ると觀點がだいぶハツキリして來ます。たとへば，in die Tasche hineingreifen（ポケツトの中へ手を突つ込む）といへば，これはちつとも奇拔ではない。何故奇拔ではないかといふに，それは，手が實際ポケツトの中へ這入るからである。然るに in die Maschine diktieren, ins Glas hineinschmunzeln, in sich hineinlachen 等にあつては，何一つ具體的にタイプライター，コツプ，或ひは「己れ自身」の中へ這入つて行きはしない。in die Maschine diktieren した際に，こちらの喋舌つた文句が，口から空氣に傳はり，女史の耳の鼓膜を通つて大腦の皺に入り，それから運動神經を傳はり，腕，手，指を傳はつて指先に出で，其處からタイプライターのキイに傳はつて，キイから槓杆を傳はつて活字に至り，リボンを突破して遂に芽出度く紙の上に到著する……といふ風に考へるのは，これは要するに讀んで字の如く單に『考へる』にすぎない。ins Glas schmunzeln した際に，das Schmunzeln（微笑）がコップの中に溜まつてタバコの煙の如くに渦卷くといふことは，これは單に一つの空想であつて，考へ方としては面白いが，要するに一つの考へ方である。日本人であつたら，コップの中へ唾汁を吐く，といふ事は考へるかも知れないが，コップの中へ微笑むといふ事は考へない。またそれは考へないのが普通なのであつて，それを考へるドイツ人は，日本人とは頭の構造が少しちがつてゐるのかと云ふに，さうでもない。頭の構造は日本人もドイツ人もちつとも違はない。違ふのは，**既に存する言語の中に含まれてゐる特殊な可能性**です。この場合，日本語にはさうした可能性がないからして日本人はわざわざそんな事は考へないのです。ドイツ人だつて，考へたくもないのに『わざわざ』そんな奇抜な事を考へたといふわけではない。ドイツ人だつて我々と同じ程度の忙がしい生活を送つてゐる人間なのですから，『わざわざ』そんな事を考へる譯はない。たゞさういふ可能性が強烈に動いてゐる言語を使用してゐる結果，ついその，その可能性へ足を滑らし込んでしまふきりの話です。

　何がドイツ人をさうさせたか？——in + Akkusativ がさうさせたのである！

　ドイツ語には zu etwas verleiten（ついさうさせる）といふ用語があるからそれを使つて云ふと Was verleitete sie zu dieser eigentümlichen Ausdrucks- bzw. Vorsellungsweise?（ママ）

Das hat mit ihrem Singen die Lorelei getan……. ぢやなかつた
　　　Das hat m̄(ママ) seinem Wen-Fall
　　　Das Vorwort „in" getan!
と云ふも蓋し過言ではなからうと思ふのであります。

只今用ひた zu etwas verleiten と云ふ文句が, 此の種の「可能性の濫用」と, それから起つて來る或國語獨特の象徴樣式を心理的に説明するのには最も當を得た表現ではないかと考へます。つまり, どの國語にも, 或種の特有な, 他の國語には見受けられないやうな考へ方をさせる爲めの楔機が, 文法的に, 語學的に, 純形式的に, 夥多ひそんでゐるといふ事になつて來ます。思想が言語を規定すると同時に, 言語も亦思想を規定して行くものであるといふ事實は, 斯くの如き方面からも立派に證明されるのです。かうした現象によつて最も甚大なる影響を蒙るのは, 先づ何を措いても第一に哲學の方面であらうといふ事は想像するに難くもなく, また立證するにもさう困難なことではないと考へます。度々引合ひに出す Heidegger などがそれで, Heidegger とドイツ語とは絶對に分つことが出來ません。さういふ意味に於て, 言語と思想との關係を考へる時に, 少くもドイツに於ては, 私は Heidegger の場合が最も面白い問題を提供してゐると考へるのであります。

本問題に歸つて論じますと, 以上述べた所によつて, 今日の問題の in は, 稍其の方向を明らかにし始めました。卽ち, 此の種の in は, 明らかに in + Akkusativ の濫用であり, しかも其の濫用は, なほ詳しく云へば, 具體的には別に何等形をなした物體が或物「の中へ」這入り込むのではなく, lachen, diktieren, schmunzeln, sprechen 等の動作の方向が in によつて示されてゐるに過ぎないといふこと, なほそれを心理的に描寫するならば, それらの動詞によつて示されてゐる動

言語に於ける『可能性の濫用』

作或ひは動作の Ergebnis (das Lachen, das Diktat 即ち das Vorgesagte, das Schmunzeln; die Worte, etc.) をば恰も形ある何物かであるかの如くに見なして，それが in によつて示されたる方向に向つて突入するかの如くに『單に考へる』といふ點に之等の表現の奇拔さがある，といふわけになつて來ます。

in die Nacht 其他に就ての考察

以上に述べただけの事實は，むしろ何でもないあたり前の事實ばかりで，別に語學的に參考になるやうな事項は何一つ無かつたかも知れませんが，かうした根本的な事實にまで立ち入つたのは，實は多少語學的な困難を伴ふ in die Nacht hinaus とか，in den Morgen hinein とか，in die Welt とか ins Land とか云つたやうな，熟語成句の心理的分解を行はんが爲めの下準備であつたのです。

『握手をして誓ふ』ことを jemandem in die Hände schwören と云つたり，『懇々と說諭を加へる』ことを jemandem ins Gewissen reden と云つたりすることは，これは大した困難もなく受け入れられさうですから，殊更說明するにも及びますまいが，たとへば次のやうな in die Welt はどうでせう？

Notker Labeo! rief er. Der war die Perle seiner Schüler, Hoffnung der Wissenschaft; auf schmächtigem Körper ein mächtiges Haupt, dran eine gewaltige Unterlippe *kritisch in die Welt hervorragte,* das Wahrzeichen strenger Ausdaur auf den steinigen Pfaden des Forschens und Ursache seines Übernamens.

(*Scheffel: Ekkehardt*— 4.)

これは中世の Notker Labeo といふ，文學史を讀む者の誰し

も一度は挨拶して通らなければならない有名な學者の風采を Scheffel が空想で描いてゐる個所です。Übername（綽名）云々,とは, Labeo といふ名が唇を意味するからさう云つてゐるのです。

問題は dran eine gewaltige Unterlippe kritisch *in die Welt* hervorragte の in die Welt です。この in die Welt が, よく用ひる面白い, しかも大して意味のない in die Welt である事が感ぜられて來ればドイツ語も稍一人前であると云へませう。書物の數を澤山讀まない人には, 何のために in die Welt がついてゐるのやらわけがわからないに相違ない。

之れと同じやうに, たとへば子供などが如何にも天眞爛漫な顏をしてキヨトンとした眼つきをしてゐることを, das Kind sieht gar treuherzig *in die Welt* hinaus などと云ひます。in die Welt の代りに ins Leben と云つてもよろしい。

Als sie noch ein ganz kleines Ding war, sah sie merkwürdig klar und nüchtern *ins Leben*, während ich eine Zeitlang ein verbildetes, törichtes Ding war.　　　　[*Frenssen, Jörn Uhl.*]

この方は, 必ずしも眼付きだけの問題ではない, むしろ「物の觀方がはつきりしてゐて幻惑のない」ことを云はうとしてゐるのでせうが, それにしても此の ins Leben といふのは, よく云ふ in die Welt と, まづさう大して變りのないものだといふ事は感ぜられます。

それから, その他, in die Nacht とか in den Morgen とか, その他極くアイマイなものが盛んに用ひられますが, それらは凡て, 今述べた in die Welt と同じやうなもので, 謂はばつまり, 何でもかでも in die...... とか in den...... とか云ふ規定をつけて見たい欲求の方が先にあつて, さうかと云つて別に殊更

付す可きほどの規定は何一つ要らないものだから，云はば單に口調をととのへるために強ひてつけるやうなもので，in + Akkusativ の濫用が昂じて，遂には斯くの如く，ほとんど無意味と云つても好いくらゐの輕さの句を，裝飾として附加することになつたと云つても言ひ過ぎではあるまいと思ひます。

何でもかでも in + Akkusativ の方向規定をつけたくなると云ふ事實は，たとへば so und so dreinsehen（斯樣斯樣の眼付をしてゐる）といふ，この dreinsehen が既に之れを證してゐる。「見える」といふ sehen ではなくて，「眼つき」なのですから，sehen だけではどうも語感のしまりがつかない。何か斯う外界を意味するやうな，しかも亦別に何も特別な物體を意味しないやうな，單に『前方』を意味するに過ぎないやうな方向規定がつけたくなるので，さうした時に in die Welt とか ins Leben とか，或ひはまた内容を全然省いて drein を附けるのです。

in die Welt に關しては，日本語にも，氣持として非常に似た場合が數々見受けられるやうな氣がする。たとへば，近松の『心中天の網島』に次のやうな文句がある：

> 一門中が世話かくも皆治兵衞爲よかれ，兄弟の孫共可愛さ，孫右衞門おぢや，早う歸つて親父に安堵させたい，<u>世間がひえる</u>，子供に風ひかしやんすな……

「世間がひえる」といふ文句が日本語として非常に面白ろい。世間といふのは，勿論たとへば渡る世間に鬼はないといふ際の世間，世上，世の中の意を保有してゐることはゐるが，さりとて抽象的な無形概念の世間が冷えたり温まつたりするわけはないから，兹では明らかに一種の Pleonasmus です。「陽氣」とか「氣温」とか「大氣」とか，合理的に考へれば色んな主語が考へられるが，昔の人はそんなことは考へない。もつと無邪氣

に,「我々の住んでゐる此の世界が冷える」或ひは「あたり界隈が冷え渡る」といつたやうな意味で, 娑婆が冷える, 世の中が冷える, 世間が冷えるといふ風な Vorstellung を創り出すところが, 江戸時代の大阪邊の市井の Volkstum の面白ろさを如實に反映してゐるではありませんか。

要するに, 單に「冷える」でも好いのだが, それでは少々物足りないから, 何でもかでも場所規定を必要とするところから, 世間といふ言葉を濫用するわけでせう。

かうした例から考へて行くと, in die Welt などの贅句の役目とその面白ろさがわかり, 同時にまた『如何なる可能性が如何に濫用されるかに從つて時代色, 民族性が最も正直に現はれる』といふ, 史的語學上の一原則が建てられます。此の時代には此の言ひ廻はしは成句以外にも盛んに濫用された, いや此の時代には此の形はもはや成句となつてゐて濫用を許さなかつた, と云つたやうな事が, 時代を決めたり民族を決めたりする上に非常な役割を受持つことになるでせう。

in + Akkusativ の方向規定の濫用をなほ二三擧げて見ませう。

　　Ein Prankenschlag des Löwen schleuderte ihn kopfüber *in die Gegend.*
　　　　　　　　　　　　[*Vossische Zeitung, Feuilleton.*]

　　獅子の前足の強打のために彼はもんどり打つてそれ
　　へ投げ出された。

この in die Gegend も,「世間」と同様, 一寸大袈裟な表現で, またその大袈裟なところから來る面白ろさを持つてゐます。ins Land とか, weit ins Land hinein とか, in großem Bogen weit hinaus ins Land とか云つてもよいところ。

Jetzt, in dem Augenblick, da ich dem Bett entsteig', / Ich hatte noch das Morgenlied / Im Mund, da *stolpr' ich in den Morgen* schon, / Und eh' ich noch den Lauf des Tags beginne, / Renkt unser Herrgott mir den Fuß schon aus.

[*Kleist, Der zerbrochene Krug. I.*]

たつた今，景氣よく鼻唄を歌ひながらやをら寢床から這ひ出さうとすると，縁起でもない，朝つぱらから早速けつまづいてしまつて，今日といふ日を初めるか初めないかの矢先に哀れ本官の片足は脱臼の悲運に際會したで御座る。

此の場合は，in den Morgen (hinein) は，ほとんど「朝つぱらから」といふ成句と思つて差支へありません。けれども，文句の面白ろさは，どうも「朝つぱらから」だけでは言ひ盡せない。たとへば Er reitet in den frischen Morgen hinaus と云へば，「すがすがしい朝の空氣を心ゆくばかり呼吸しながら」と云つたやうな，雰圍氣描寫も共に含まれてゐるので，譯語はまあ其の時々の都合によつて何とでも變へられます，また變へなければいけないと思ひます。最後に，方言で少しむつかしいかも知れないが，Hauptmann の Die Weber (Akt 5) を引用して見ませう。

DER ALTE HILSE: Na was bringst Du Gudes? —— **HORNIG:** Scheene Neuigkeeten, Meester. De Peterschwalder hab'n amal'n Teiwel riskiert und haben a Fabrikant Dreißiger mit samst der ganzen

Familie zum Loch 'nausgejagt. —— **LUISE:** (mit Spuren von Erregung) Hornig *liegt* wieder amal *in a hellen Morgen'nein.*

ヒルゼ爺：よう，何か面白い話でもあるのかい？
ホルニヒ：とても面白い話があるんだよ親方。ペータースヷルトちやあ大變な事をやつちまつたぜ。工場主のドライシガアを，妻子眷族もろとも，邸宅から追ひ出しちやつたてえ騒ぎだ。**ルイーゼ**：（多少興奮の色を見せて）ホルニヒさんたらまた朝つぱらから人をかつぐだんべ？

liegt は勿論 lügt です。
 其他，熟語成句の範圍では，この in ── hinein の形式では，いろいろと面白いことがあります。lügen で思ひ出したが，たとへば ins Blaue hinein といふ事を云ふ。つまり「でたらめ」「でたらまかせに」の意です。blau といふのはどうもよく出鱈目の意に，或ひは「現實を離れた」，「事實を離れた」といふ氣持の表現に用ひられがちで，Maeterlinck の「青い鳥」（L'oiseau Bleu）とか，Novalis の「青い花」（blaue Blume）とか云つたやうな文句は，すべてさうした Vorstellung があるから出來たもので，青が Romantik の黨色（Leibfarbe）となつたのには，やはりさうした考へ方の出立點があるのです。Das kommt mir zu blau vor と云へば，『どうもなんだか天狗に鼻をつままれたやうな話だね』といふことになるし，Er verspricht ins Blaue hinein といへば『あてもない約束をする』の意，ins Blaue hineinphilosophieren といへば，雲烟模糊たる玄妙な屁理窟を並べ立てること，einem einen blauen Dunst vormachen と云へば，好い加減な巧い事を云つて人を

だますこと，或ひは，いはゆる「煙に巻く」ことです。

しかし，青いといへば，決してさうインチキなことばかりでもない。青はロマンチツクの黨色ですから，或種の「云ふに云はれぬ，いみじき」物の形容にも用ひられる。たとへば Heine が：

Ein Meer von blauen Gedanken
Ergießt sich über mein Herz.

と云つてゐるのは，或種の優にやさしき得も云はれぬ物思ひが澎湃として胸裡にあふれることです。よろこびと云はむは過ぎ，かなしみと言はむは及ばず，たゞ何とはなく油然として涌いて出る曰く言ひがたき......要するにボーツと氣の遠くなる樣な青い考へですな。たとへば，紙屑屋さんが鼻唄を歌ひながら紙屑を選り分けてゐるときにフト中身を抜き取つたラブレターの封筒らしきものを發見したとしたらどうでせう。鼻唄は止む。歌を忘れたカナリヤは，ちよつとあたりをふりかへる。誰もゐない。——それから......えへへ......Ein Meer von blauen Gedanken ergießt sich über sein Herz でせうな。それとも rosa Gedanken ですか......。

まあ此の blau の話は，あまり本題に關係がないから，讀者諸君はさぞ Das ist mir zu blau!（何の話だかよくわからねえぞ）とお思ひになつたでせうが，此の記事の本題たるアイマイな in + Akkusativ なるものからが，どうも少々 blau なものだから，その説明も亦多少 blau になつたのは，これまた多少やむを得ざる所であるといふ事にして筆を擱きます。

言語と思想

語學は人を俗物にする

□□ 言 語 と 思 想 □□

語學は人を俗物にする

關 口 存 男

　語學者といふ奴は俗物になる危險を多分に含んでゐる。しかもそれが語學そのものの性質の中に根據を持つてゐる。此の事實を分解しながら，同時に或種のドイツ語の學術用語を研究しようといふのだから，まあ，語學者の惡口を云ひながら同時にその好個の典型を，身を以て提供しようといふわけである。

　先づ語學といふ奴は，ひどく云へば，猿が人間の眞似をするやうなものである。自己の獨自性を發揮するなんて事は，當面的には全然問題になつて來ない。また，獨自性なんか發揮されては困るので，たとへば此の『獨自性を發揮する』といふのをドイツ語で何と表現するかといつたやうな問題になつて來ると，たとへば seine Eigenheit zur Geltung bringen といつた樣な，ドイツ人ならば誰でも直ぐに云ひさうな，何處かでよく耳にするやうな氣のする文句がすぐに頭の中に浮び上るやうな具合に......しかも專らさういふ具合にのみ頭の中が耕され，訓練され，組織される事が卽ち所謂語學者の理想である。こんなところに矢鱈に獨自性を發揮して例へば seine Eigentümlichkeit schwunghaft ausstrahlen とか何とか云ふとしたら，語學者ではなくて誤學者となつてしまふ。

　要するに，語學の知識といふのは，まづ差し詰め，『どんな文句が，否，どんな考へ方が最も標準的（durchschnittlich, normal）か』といふ指導方針の下に立つてゐると云つて好い。

　normal（標準的）といふことは、よく云へば　vorbildlich, musterhaft（模範的）といふことになるが、惡くいふと landläufig（世間普通の）, gang und gäbe（よく『通』つた,『通り』の好い）, 乃至 konventionell（常套的, 慣用的, 型にはまつた）, すなはち動もすると mittelmäßig（凡庸な）, banal（月並の）といふことで、この兩方面の渾然たる混成現象（Komplex）が是卽ち『標準的』といふ人聞きの好い概念である。

　たとへば Normalmensch, Durchschnittsmensch ［標準人］といふと、一面に於ては奇癖や缺陷の無い、何處へ出しても恥しくない、といふ好い意味にもなるが、他面に於ては、何等天才的なところのない、獨自性のない、こんな人間なら何處にだつてゐる、といふ氣のする人間である。

　美人にしても同じで、たとへば三越や松屋の飾窓の人形は、あんまり個性のはつきりした蠱惑的美人であつてはならない。むしろ『美人はこんなもの』と世間が期せずして考へてゐるやうな、いはゆる Durchschnittsschöne, Normalschöne ［標準美人］でなければならない。——それを見るお客の婦人の心理も一寸變で、中には立派な特殊個性美を持つてゐながら、漠然と標準美にあこがれて、さうした Durchschnitt に達しない事......といふよりはむしろそれ以上に出てゐることを內心恥かしく思ふ心理がある。『流行』といふのがこれである。噫、世には如何に多くの美人が、自分自身を此の標準線に引きずり下さうとして、高い化粧品を買ひ、似合はない反物を萬引し、柳眉を逆立てて鏡を叩き破つてゐることか！

　思想、思惟の世界も同樣で、語學者といふのはつまりかうした奧樣や令孃たちと同じことをやつてゐると思へば好い。また困つたことには、外國語の研究といふやつは、かういふことをやらないと出來ないのである。

かういふ努力は，つまり Angleichung（似せんとすること）の試みである。Angleichungsversuche である。もつとはつきり云ふならば Angleichung an das nun einmal Vorhandene, Bestehende, Geltende である。

語學の危險は茲にある。研究といふものは，凡そ何でも，輕蔑してやつてゐたのでは本當の進步はしない。興味が其處へ向いた以上は，積極的に感激して，全人を傾倒してやらないと半可通に終る危險がある。例へばドイツ語をやつて，文學者にもなれず語學者にもなれず，文學になると變に語學じみ，語學になると變に文學じみる，といつたやうな人が多いのは，つまり其處のところを徹底しないからである。──積極的に感激して全人を傾倒するといふことは，いはば惡魔に身を賣つたやうなもので，それから後は，たとへば例の Faust の傳說の樣に，完全に惡魔の傀儡になつてしまふか，或ひは超人的な克己の努力によつて惡魔を組み伏せるかといふ，生死を賭しての格鬪になつて來る。

それは先づ別問題として，さてまた例の Angleichungsversuche のことであるが，かうした試みは，前述の如く，一面 Nivellierungsversuche であり，Normalisierungsversuche であるにもかゝはらず，語學者の場合にあつてはとにかく一つの外國語に熟達し達者にならうとするのあまり，或種の狂熱的な努力の對象になる。その語で書かれた凡てのもの，その語を自由に語るすべての人々に對する，曰く云ひがたき尊崇の念が生じて來る。少くとも，生兵法は大傷の因といふが，生語學は多少外人崇拜の因となる。從つて，その語でわからない事があつたり，その語で間違ひをしでかしたりするといふと，必要以上に恥ぢるといふ心理が生じて來る。間違ひをした場合だけではない，あたりまへの何でもない時でも，潛在意識の中にさうした『小心症』，『恐怖病』があつて，い

はゆる強迫觀念，しかも自分が人並みでないといふ強迫觀念，Minderwertigkeitskomplex［低能症］の如き病的心理障害を常住不斷に伴ふやうになつて來る。

　かういふ症狀は，なにも語學の方だけにある現象ではなく，たとへば Thomas Mann が好んで取扱ふ Thema の，いはゆる健全なる標準人に對して，弱々しい微妙複雜な Künstlerkomplex［藝術家タイプ］の感ずる憧憬とも羞恥とも反省とも恐怖とも名づけやうの無い，いはば『頭が上らない』といつたやうな妙な感じなども，實はこれと同じやうなものである。Psychische Hemmungen［心理障害］といふ奴は，たとへば内氣な男が試驗場に出たりなんぞすると起る。曰く結婚恐怖症，曰く旅行恐怖症，曰く面會恐怖症，いろんな恐怖症があるが，標準的なものに對して感ずる心理障害といふ奴を色んな場合に亙つて描寫したのは正に Thomas Mann の殊勳で，これが人生の一大問題であることは，かうした作家のさうした作品が如何に廣く讀まれてゐるかを見てもわかると思ふ。

　恐怖はまあこれ位にして，次には其の反對を考へて見よう。『何かが標準なみに出來た』といふ感じは，その逆が病的恐怖症に轉落するのとほぼ同程度に於て，これはまたとても人間を嬉しがらせるものと見える。あたり前のことがあたり前に出來たのだから，單に人に笑はれずに濟んだだけのことで，別にさう嬉しがる可き筋合はないにも拘らず，その人の意識の根抵には常に強迫觀念的に『おれにはとても人並みなことはできない』といふ悒鬱な意識が働いてゐるだけに，人並みに出來たといふ事は，まるで鬼の首でも取つたかの樣な氣持を起させる。

　たとへば，無敎育者を以て目されてゐて，あらゆる敎育ある人間に對して或種の嫉妬と，恨みと，從つてまた恐怖と潛在的崇拜の念とをもつたお金持のおやぢがあるとする。『大學卒業』といふと，口先では頭つから馬鹿にしたやうなことを云つ

て，その口調には或種の潛在意識の內奧から立ちのぼつて來る毒氣の如きものが感ぜられる。これは，實は如何に『敎養』とか『學識』とか云つたやうなものに對して內々色氣があるかを證してゐる。――ところが，かういふ阿爺が，何か意見を吐いて誰か學者のやうな人にでも大いに認められるといふと，その欣び方には實に尋常心理では容易に逆睹し難きものがあるのである。それは，すべての『傷を持つ者』の感ずる解放快感であつて，精神病學の對象である。

『語學がよく出來る』といふ人の往々にして感ずる得意といふのが，これに非常によく似てゐる。どんなによく出來た所で，英人なら英人，ドイツ人ならドイツ人にはどうせ及びもつかないのであるが，とにかく從來の世界で習慣となつてゐる事を，自分一人の力を以て，間違はずにやつてのけた，といふ，考へて見れば實に下らない快感であるが，それが只今述べたやうな症狀と關係して，とにかく常人にはちよつと合點の行かない樣な快感を起させるのである。

快感が起ると得意になる。何に得意になるかといふと，つまり『標準的筋路が自分の中にある』といふこと，『何百萬人の人間が知つてゐることを自分も知つてゐる』といふことに得意になるのである。といふよりはむしろ，『人並みに達しないといふ強迫觀念が一時薄らいだ』ことに對して得意になるのである。

得意な事に對しては人間は全く目が無くなる。反省心がなくなる。おまけに仕事が忙しくなつて來るといふと，その危險が益々甚だしくなる。

語學者といふ奴はかくして俗物になつてしまふのである。とにかく世間で云ひさうな事，とにかく誰でも考へさうな筋路を誰でも云ひさうな言ひ方で云つたものに對する感じが常人以上に銳敏でなければ務まらない商賣であるから，さうしたもので

自分の頭を一杯にしてしまふほど語學の蘊蓄はかさばつて來て人に對しても威張れるわけだから，威張れる事はなる可く努めるやうにといふ事になるのは無理もない次第だ。

　然るに，人間には二兎を追ふことはできない。量で行かなければならない努力はなほさらである。殊に語學は量で決つて來る。かゝるが故に……決論は明瞭であらう。

　今回はまづ，問題の Exposition だけにとどめておく。『さうでもないぜ……』といふ考へ方は，この稿を讀んでゐるうちには當然起つて來ると思ふが，それはまた他の機會に一席辯じよう。或ひはこれをお讀みになつた語學者の御意見を拜聽しても好いと思ふ。

語學メトーデ論
カチヤツといふ音

―語學メトーデ論―

カチャッといふ音

關 口 存 男

石橋渡: 先生,お早ようございます。

先生: やあ,お早よう,君は實に時間が正確だね。すまないがチヨツト扉を締めて呉れ給へ。

石橋: いや,これはどうも失禮。(扉を開めに行く)(ママ)

先生: 速瀨猛君はどうしたらう？

石橋: さあ……(と云ひ乍ら,扉を長い間かゝつてやつと閉めた後)この扉は少しどうかしてゐますね。——えゝ,速瀨君はどうせ少し遅れて來るでせう。

先生: (しばらく考へてゐて,急に笑ひ出す)

石橋: (眼を上げて)何ですか？

先生: 個性といふものは面白いね。いま君が其の扉を閉める所を見てゐると,成程と思つて感心してしまつたよ。一たい其扉は,バネが弛んだのか,金屬の部分が磨減したのか,(ママ)實は僕にもよく締まらなかつたのだが,併し急がないでソーツと締めると割合よく締まるといふことを數日前に發見したのだがね。だから,毎日の經驗で,僕だけはよく閉まるが,女中なんぞと來た日には,何遍云つたつて駄目だ,閉まつてゐたり閉まつてゐなかつたりする。それを君は一遍できちんと閉めるのだから感服の至りだ。もつともだいぶ暇取つてゐたやうだがね,ハツハツハ！

石橋: きつと眞鍮の舌がよく出なくて,ほんの一寸した加減で引つかゝつてゐるんでせう。

先生： さうなんだよ。——君はまあそんな詳しい事を言ふが，大抵の者は其處までハツキリ考へはしない。考へれば考へられるんだが，第一考へようと云ふ氣が起らないんだね。こゝが即ち『性分』といふ奴だ。君の語學のやり方を見てゐると，ちようど今扉をきちんと閉めたのと同じ寸法で，彼を想ひ此を憶ふに，さながら符節を合すが如きものがあるね。

石橋： （苦笑して）さあ......それはどうですかねえ......

先生： いや，全くだぜ。殊に原文の意味を正確に取つて之れを日本語に移すと云つたやうな時には，君のやうな性分の人は德だ。だいいち信用できるからね。と云ふのはつまり良心と云ふ奴が人一倍發達してゐるんだ。この解釋が正しいか間違つてゐるかと云ふ事を自分自身で判斷すると云ふ事は，ちようど扉が本當にきちんと閉まつたかどうかと云ふ事に對する感じと全然同じ問題だ。或種の人は，そそつかしいと云ふのか，氣持が其處へ行かないと云ふのか，吞氣といふのか，構はないといふのか，瑣事に拘泥しないと云ふのか，氣宇が大だといふのか，とにかく抑ゝ扉が本當に閉まつたか閉まらなかつたかと云ふ事に對する指先の感じが非常に鈍い。と云ふよりは寧ろ，そもそも扉にさう云ふ最後の大問題があるのだと云ふ事を知らない。君のやうな，特別さう云ふ感じの發達した人の氣持から考へると，外國人だつて矢張り人間なんだから，人間の考へさうにもない事を書いて置く筈はない，だから自分の考へ方が自分ながらピタツと來ればそれで大抵行く可き所へ行つてゐるのだし，何處となく變だつたらそれは多分自分の考へ方がまだ本當に行き着く可き所へ行きついてゐないのだらう......と云ふ風に考へて，どうしても扉の眞鍮の舌がカチヤッ！　と引掛かる音を聞かないと氣がすまないと云ふわけだが，さういふ性分の人はマアあんまりゐないね。否，大抵の人は，とにかく扉を框にピタツとつけさへすれば，それで兎に角一應閉まつたことにして

しまふ。本當に閉まつてゐようと閉まつてゐなからうと，そんな事は抑ゝ問題ぢやないので，とにかく俺は閉めるだけ閉めたんだから，若し閉まつてゐないとすれば，それは扉の方の責任だと云つたやうな態度だ。勿論そんなに敢然と居直つてケツを捲つてるわけぢやないけれども，『意識』（Mentalität）はさうだ。意識といふものは玆では勿論『無意識』といふことだ要するにつまり俗に云ふ『性分』（Komplex）だね。居ない人の事を云つては惡いが，速瀬君なんかさういふ Komplex の典型的なものだ。今頃は電車の中でくしやみをしてゐるだらう。速瀬君ばかりぢやない，手つ取り速い話がたとへばうちの妻や女中なんか確かにさう云ふ部類に屬するね。妻なんか殊にさうだ。『おい，まだドアーが本當にしまつてゐないよ，一度でも好いから本當にきちんと閉めてごらん！』と云ふと，行つて見て，不思議さうな顔をして，『閉まつてゐるぢやありませんか！』と云ふ。云ふだけならまだしも，本當にさう思つてゐるのだから，「がさつ」と云ふよりは寧ろ良心に省みて疚しくない堂々たる無實の意識だ。俯仰して天地に恥ぢずと云ふのがこれだね。

石橋： ハツハツハ！ ちよつとお話の途中ですが，先生は只今『ドアー』と仰言いましたけれども，本當の發音は『ドー』ださうで，普通よくドアーと云つてゐるのは，本當は間違ひなんださうですよ。

先生： 知つてるさ。知つてるけれども日本語として使ふ時には，まさか『ドーが閉まつてゐる』はドーかと思ふね……

石橋： いや，さう云ふ意味ぢやないんです，わかつて仰言つてゐるのならそれで好いんですが……

先生： 石橋式だね。――だがまあ Anti-Ischibaschismus の方の話も聽き給へ。とにかく宅の妻の意識なんてのは迚も振つてゐる。だいいち，本當にカチヤツと云ふ音がして落ちつく所へ落ちついた狀態と，單に外見だけ閉まつてゐて，風でも吹

けば直ぐまたパツと開いてしまふ，つまり單に扉が扉の框に接してゐるだけの狀態（ドイツ語で angelehnt といふのがそれだ：Die Tür ist nur angelehnt）との間に抑ゞさう劃然たる區別が存するものだと云ふ事を意識しないんだ。たとへ薄々意識しかかつても，われと我が意識の顏を視ながら素知らぬ顏をしてプイと橫を向いてしまふ。おいおい，そんな方を向いちやあ不可ない，こつちを向くのだよ，と云つて本人同志の二つの意識をまともに向き合はさせるだけの努力と云つたら大變なものだ。だいいちさう云ふ詳しい話にならないうちに，こつちも辛抱が切れて怒つてしまふし，嬶の方でも『私がする事だと何でも直ぐさう云ふ風に仰言る』とか何とか云つて，話を飛んでもない感情問題の方へ持つて行つてしまふものだから，何遍押問題したつて駄目だ。一たい嬶を相手に話をしてゐるとどんな問題でもどんどんと中心が變つて行くものでね......

石橋： 先生みたいな悠々と落ちついた人物でも奧樣を相手ではさう云ふ事になるのですかなあ......私たちから觀ると，とても冷靜な批判的な，時には世間を茶化してゐるやうな，そして泰然たる大盤石の上に築かれた白堊の殿堂みたいな感じを與へますがねえ......

先生： 白堊の殿堂は大盤石の上に築かれてゐるが，その大盤石の下がズルズルの泥沼なら何にもならんね。嬶はつまり泥沼だ。人間はつまり誰でも殿堂と盤石と泥沼との三つから成つてゐるとしたものさ。否むしろ上層建築が込み入つて來れば來るほど地盤がゆるみ出す傾向すらあるよ。併しまあそんな話は止さう。色んな話がごつちやになると不可ないから，もう一度白堊の殿堂に立つて雙眼鏡を手に取らうぢやないか。Also, mein, lieber Herr Steinbrücke だ。でまあさう云つた樣な風にして，何遍押問題をして見ても其の都度喧嘩別れになつてしまふ。だからもうウツカリ嬶に向つて「扉」と言へない。事苟

しくも扉に關する限り，彼我の關係は正に暗雲低迷，國交緊張，情勢逼迫，待機姿勢だ。『と』と言つたら警戒警報，『び』と言つたらソレッと部署に就く，『ら』と言つたらもう最初の一發がピューンと額の邊を掠めるんだ。けれども，僕の方で云はうとしてゐる事が滿更全然根據の無い我儘ではないと云ふ事は，喧嘩してゐながらも，矢張り多少は本能的に感知出來ると見えて，虛心坦懷な瞬間には，なんとかして本當にキチンと閉めようと思つて，五秒乃至六秒の長時間に亙つて扉の把手（Klinke）をカチヤカチヤやつて苦心してゐる事もあるがね。ところが其の努力といふのが，こゝが卽ち矢張り性分といふものか，九割九分九厘九毛までやつて，後の一番肝心な一毛を問題にしない。『こんなによく閉めたら充分でせう？』と云ふわけだ。なるほど，十割閉めるべきところを九割九分九厘九毛まで閉めたのだから，もやや殆んど完全に閉まつたと思ふのも全く無理のない話で，ただ一つ點の打ち處があるとすれば，それは此の最後の一毛の努力を怠る位なら，いつそ九割九分九厘九毛の努力を八割八分八厘八毛......何なら一割ぐらゐで止して置いた方がよかつたのではないかと云ふ此の一點だ。けれどもマア，こんな事を云ふと又喧嘩になるから，苦笑しながら九割九分九厘九毛の努力に對しては滿腔の敬意を表しつゝ，みづから席を立つて孀の鼻先で後の一毛をわしが默つて閉める事にはしてゐるがね。

石橋： 皮肉ですね。だから先生は人に嫌はれるんですよ。然しどうも先生のお話は，何處までが本當の扉の話で，何處からが飜譯乃至原文の理解解釋の話になるのか，その境界がちよつと判然しませんが，なるほど原文を正確に解釋すると云ふ努力には，確かにさう云つた風な所がありますね。さつき先生が，『カチヤツ！』といふ音がしたら閉まつたのだと仰言いましたが，最後の問題は要するに此處ではないかと思ひます......

先生： さうだ！　正にさうだ！　その『カチヤツ！』とい

ふ奴なんだよ問題は……

石橋： 私の傾向はまた極端で，此の『カチヤツ！』といふ音が餘程はつきり聽取できないと，或ひは聽取したと思はないと氣がすまないと云ふのだから，實に以て厄介な性分です。だからどうも，たとへば速瀬猛君のやうに，多少の誤譯をやりながらも，一晩に原文を十頁も譯して了ふなんて事は到底出來ませんな。讀む方なども其の通りで，速瀬君は二百頁も四百頁もある本を，半月ぐらゐで讀んでしまつてゐる。わからん所はわからん儘で讀んで行くらしいんですな。僕にはちよつと出來ない藝當です。

先生： 君はまた餘り良心的すぎるからなあ。何か飜譯をやらされるとか，自分の書いたものを世間に向つて發表するとか云ふ時には，君のやうな傾向はマア大變好いには違ひないが，いやむしろ凡ての人が君のやうでなくてはならない筈なんだが，然し語學の進歩といふ事を考へると，君のやうなのは……損だね。

石橋： それはモウ，僕自身もつくづく思つてゐる事なんですよ。現に，速瀬猛君の事を考へて見ると，なるほどアラ探しや揚足取りを始めたら僕の方が上は手でせう，けれども實力と云ふ問題になると，これはまたおのづから話が別で，それが證據に辭書を持たずに速瀬君と一緒に輪講をやると，まるで教師と生徒ぐらゐの開きがありますからね……

先生： 眞逆そんなでもないだらう……

石橋： いや，さうなんですよ。先生には一寸おわかりにならないかも知れません。といふのは，先生の前で譯する時には速瀬君も僕も二人ともよく辭書を引いて檢べて來てゐるから，僕の得手の方は大いに利くが，速瀬君の得手の方は利かせようにも利かせやうが無い譯です。それどころか，ひよつとすると僕の方がよく出來る樣な印象を與へるかも知れません。殊に二

人で譯をつけるのを先生に批評して頂くと云ふ事になると，結局は只今のお話の『カチヤツ！』といふ所まで行つたかどうかと云ふ點が問題になる......と云ふよりは寧ろ其の點『だけが』問題になるから，僕の方が光つて見えるのは當然ですね。

　　先生：　實際また速瀨君も，君には頭が上らんと言つてゐるからね。

　　石橋：　言つてゐるだけならまだしも，實際さう思つてゐるのだから，あいつは馬鹿ですよ。けれども，一たい勢の強い元氣の好い人間はみんなお人が好くつて馬鹿ですね。速瀨君なんか實に高天原に神集ひましますハ百萬の神々も斯くやと思ふほど，ほがらかで鈍感だ。二三行譯して行くうちに，二個所も三個所も先生に致命的な誤譯を指摘されながら，『あゝさうか！』と云つてペロッと舌を出したきりで，やつぱりどんどんと元氣よく其の次を譯して行く。あんまり澤山ボロを出すと，流石に多少恥かしくなると見えて，少し注意して愼重に考へながら譯し始めますが，さうなるとまた不思議なもので，立て續けにカチヤツ！　カチヤツ！　といふ音がすることもある。ところが，此處が僕にもわからないのですが，そんなに調子よく立て續けにカチヤツ！　カチヤツ！　といふ音がしたら，僕なんかだつたら實に或種の得も云はれぬ快感を感じて，內心大いに優越感を味はつて得意になる所なんですが，速瀨君の樣子を見てゐると，そんなところは微塵もない。ピタッと行つたからと云つて別にさう特に嬉しい氣もしないらしいですな。惡く云へばそゝつかしい，良く云へば神樣みたいなんですね。たとへばつまり神樣のお賽錢箱の中へ三千圓するダイヤの指環を投げ込んだやうなものです。一錢銅貨を投げ込んでも神喜びに喜びまして『や，どうも有がたう！』と仰言る、三千圓の指環を投げ込んでも矢張り神喜びに喜びまして『や，どうも有がたう！』と仰言る。人間の心事を以て御付度申し上げると，實に以て御

けしからぬ御次第と御憤慨申し上げるの外は無いが，さりとて，御にこやかに御滿悦遊ばされてゐる御顔をまのあたりに拜しては憤慨しようにも憤慨しやうがない。速瀬君がピタリピタリと適譯をつけて行つて加之嬉しくも何ともなさうな樣子を横から見てゐると，僕には一寸さう云ふ風な妙な複雜な感じがして仕樣がないのです。結局速瀬君は天才なんで，僕の方は謂はば人才ですね。人は遂に天に抗し得ざる如く，僕も結局は速瀬君には叶はないと云ふ氣がします。先生の扉の比喩は成る程實に肯繁に中つた比喩ではありますが，その又一段奥の關係を考へて見ると，そもそも左樣な『カチヤツ！』と云ふ音に對する冷徹微妙な聽覺に惠まれてゐるといふのが，これが抑々少し何か病的な一つの缺陷なのぢやありますまいか？

先生： ハツハツハ！ 妙な事を云ひ初めたが，それは又一たいどう云ふ意味なのだね？

石橋： たとへばすね(ママ)……たとへば，普通の健康な身體の時には庭で秋蟲が鳴いてゐたつて，詩越(ママ)こそあれ，うるさいなどとは毛頭感じませんが，一年も病氣をして床に就いてゐると，あいつが却々實にうるさくなるものですからね。

先生： それは成程さうだね。

石橋： 音響ばかりではなく，其の他の點だつて同じだらうと思ひます。つまり，病氣して寝たままでゐると，體力も精力も衰へる。所が，感受性と認識力の方は，それに逆比例して發達するのぢやないでせうか。

先生： と云ふよりは寧ろ斯うぢやないかね：即ち，明らかに事物を諦視して見る可き所まで見究める力……これを假に諦視力と呼ばう……此の諦視力といふ奴は，これが即ち佛教の方で謂ふところの即心是佛（又は即身是佛）の『佛』なのであつて菩薩も凡夫も總て本來は同一の『佛』たる資格を些かの優劣もなく同分量に具有してゐると說いてゐるが，これと同樣，

諦視力といふ奴は元來誰にも優劣なく具はつてゐるのであつて，病氣したからと云つて急に増しもしなければ，勢が好いからと云つて別に減りもしない。それ自身としては些かの増減もないものではあるけれども，『それを蔽ひ妨げてゐる何者かが在る』のだ。佛教ではこれを迷ひと云ひ，基督教では之れを宿罪と云ひ，醫學では之れを健康と云ひ，Schopenhauer は之れを Wille と云ひ，近時の哲學では之れを『生』(Leben) と云ひ，Heidegger は之れを人間といふ現象の實相 (Sorge-Struktur) だと云ふ。要するに，わかり易く云へば，人間の最も人間的な方面だね……

石橋： ……動物的な方面ぢやありませんか？

先生： 動物的な方面が即ち最も人間的な方面なんだよ。——つまり，此の人間的な方面といふ奴は，肉體といふ奴を介して天地自然と一體なものだから，病氣になれば衰へるし丈夫になれば恢復する，つまり其の時々によつて消長がある。ところが『佛』といふ奴，つまり『諦視力』といふ奴には消長がない。表面からは見えないけれども，腹の底には，在る可き所にちやんと寸分の狂ひなく誰でも在るのだ。だから，減水期になると河床が露出するのと同じ様に，病氣をすると諦視力が表面へ出て來るんだよ。頭がよくなるんぢやない，誰でも同じ程度に持つてゐる頭の好さが，邪魔がなくなつたために普通に働き出すだけの話なんだよ。佛教で云ふ「佛」とか，「阿耨多羅三藐三菩提」(ママ)とか，金剛不壞の佛果なんてのも，文句は大變だが言つてる事は元來同じことだ。

石橋： 或ひはさうかも知れません。さうすると然し僕のやうな性の男にとつては頗る悲觀す可き結論が生じて來ますね。緻密な所へ頭が働くといふのが，人以上に何かプラスを持つてゐるから働くのではなくて，人間的方面にマイナスが生じたために働くと云ふ……

先生： まあさうだね，また譬へば，奔馬に跨がつて疾驅してゐると，身體中が激動してゐるために，また砂塵が馬蹄に蹴散らされて濛々と舞ひ上るために行く手がはつきり見えないが，馬が疲れて來ると，砂塵も激動もおさまつて，あたりの景色が少し見え出すと言つたやうなものだ……

石橋： また譬へば，若い時に散々道樂してゐた男が，年が寄つて無理が利かなくなると急に量見を入れかへて禁欲主義者になつたり，その昔鶯ばかりぢやない男まで相當泣かせた事のある多情の女が，顔に皺が寄り出すと急に貞淑な良妻賢母になつたりするのと同じ寸法ですな……

先生： そりやあ少し譬への方が面白くなり過ぎて問題を外れてしまふぜ君……

石橋： さうぢやありません。同じことです。勢の衰へた人間の頭の好さは，謂はば『已むを得ざる頭の好さ』でせう？本當は頭が好くて元氣が衰弱してゐるよりは，少々頭が惡くても好いから元氣な方が好いのです，だから要するに之れは『已むを得ざる頭の好さ』です。老人の禁欲だつて，之れも『已むを得ざる禁欲』であり，オールドミスの貞淑だつて之れ亦『已むを得ざる貞淑』ぢやありませんか。

先生： さう云へばさうも言へるだらう──けれども，君の考へ方はまた餘りに極端すぎる。そんな事を云ひ出したら，貞女はすべて皺くちや婆或ひは醜婦であり，禁欲主義者はすべて老人或ひは病弱者であり，頭の緻密に働く人間はすべて精力の點で缺陷のある人間だといふ事になつて來るが，世の中の實際を考へて見るといふと，さうでもない場合もかなり多いぜ。かなり多血質な精力絕倫タイプにも諦視力の發達した人間はゐる。元氣のない人間にも頭の惡いのはゐる。一槪に裁くわけには行かないね。

石橋： それはまあさうですね，一般的に云ひ出すと，關

係が色々と複雑になつて來ますがね……けれども，少くとも，ドイツ語の征服といふことだけに卽して考へて見ると，これはたとへば支那事變みたいなもので，假にドイツ語を支那全土と見立てるならば，僕のやうな行き方は差し詰め上海の市街戰みたいなものでせうな。一歩一歩緊張はしてゐるものの，朝に一城夕べに一壘ならまだしも，朝に一家屋夕べに一土囊陣地といふ風に押して行くのだから，此の調子で行つた日には南京までだつて百年かゝるでせう。

先生： さうすると速瀨猛君は徐州攻略の岩仲快速部隊か，或ひは安慶，湖口，九江と躍進的に突込んで行つた長江遡江部隊といふ所だね。なるほどさうだ。亂暴なやうだが，あゝ云ふ風に進んで行かなければ漢口へなんか到底行けるものではない。その代り，後方の連絡なんか滅茶苦茶だ。躍進するたんびに敵軍の眞只中にゐるわけなんだから，要するに無謀その者だ。

石橋： ところが兵法の極意は其の無謀にあるんですからね。征戰一年にして世界一の大國に二度も國都を變へさせるなんてのは，世界一の無謀滅茶苦茶の軍隊にして始めて爲し得るところで，玆に實に無限の敎訓が含まれて居るわけぢやありませんか。

先生： 然しまあそんな事を大きな聲で云つちやあ不可ん。速瀨君が皇軍氣取りになつても困るからね。今ぐらゐの所が丁度好いんで，あれ以上快速を發揮されちやあ，こいつも亦ちよつと問題だらうよ。

石橋： （時計を見て）ただ先生のお宅にゐる時だけは其の割に快速を發揮しなくて困りますね。きつとまだ寢てゐるんでう(ママ)。──併しお蔭で非常に有益なお話を伺ひました。

先生： （時計を見て）それにしても今日は特別……

速瀨猛： （扉を開けて這入つて來る）

先生： あ，來た來た！

速瀬：　今日はちよつと寝坊したものですから……

先生：　君……ちよつと済まないが其の扉を閉めて呉れ給へ……

速瀬：　はいはい……（引返して閉める）

先生：　きちんと！

速瀬：　あ，さうですか……（また行つて閉める）

先生：　いや，もつとキチンとだ……

速瀬：　あゝ，もつとキチンとですか……（また引返して，もつとキチンと閉めて來る）

先生：　（苦笑して）いやいや，まだ本當に閉まつてゐない，風が吹くと開くからね……

速瀬：　さうですねえ，今日はどうも風が……（また行つて，こんどは二三囘カチヤカチヤ言はせながら閉める）

先生：　いや，風はまだ出ないけれども，ひよつとして出ると困るからね……（と云ひながら自分で行つて閉める）

石橋：　（此の時まで我慢してゐたが遂に堪らなくなつてプツと吹き出す）

速瀬：　（一緒に面白ろさうに笑ふ）

先生：　（同樣に，吹き出しながら，速瀬の肩に右手を置いて）君は有望だよ。大いに自重し給へ。但し扉だけは適當の頃にキチンと閉めた方が，或ひは好いかも知れないよ。　　（幕）

言語と思想

Deutsche Gründlichkeit und deutsche Umständlichkeit

□□ 言 語 と 思 想 □□

關 口 存 男

| Umständlichkeit
［くどくどしさ］ |

最も結構な事柄に限つて，最も始末に不可ない一面を具へなければならないといふのは，これは所謂る當然の犧牲なるものでありませうが，ドイツ人の矜りとする deutsche Gründlichkeit ［ドイツ的に御念の入つたこと］なるものも果たして御多分に洩れず，御念が入つてる分には何の差しつかへもないが，御念が入り過ぎると云ふと所謂 Umständlichkeit ［諄々しさ，煩はしさ，おん御叮嚀］といふ奴にぶつくら返る。體系が體系のための體系となり，潔癖が潔癖のための潔癖となり，良心が良心のための良心となり，周到が周到のための周到となり，合理化が合理化のための合理化となり，其の間一點の不備あるを許さない。

『商人は勝手元へ廻る可し』と玄關に書いて貼つておくのにも，よく考へて見ると（さあ，此の「よく考へる」といふのを一度よく考へて見れば，むしろよく考へない方がよく考へる所以なのですが，その點だけは餘りよく考へないのが普通で……），ひよつとすると來客の中にも商人の身分の者があるかも知れない……といふので，『但し來客として來られる商人の方は此の限りに非ず』と少さく但し書を附ける。けれども，さう云へば保險の勸誘員などが之れを有利に解釋して，此の家は吾々を歡迎してゐるなどと思つて一時にどつと押し掛けて來

ては困るから，その横にもう一つ小さく『但し保険の勸誘員は來客と見做さず』と書く。だが，最初の出立點に戻つて，この勸誘員が勝手元から來てもいゝといふ事になると困るから，その但し書の下に括弧をして，『該者は勝手元に於ても受けつけざるものとす』と小さく書いておく。ところで，『該者』といふと，商人一般と間違ふ懼れがある。御用聞きが勝手元で受けつけられなくなつては大變だから，その下にもう一つ括弧をして——この括弧は，前のとは形の違つたのにする——『該者といふは後者の事なり』と書いておく。いよいよ札ができて，念のために讀み直してみると，どうも此の『該者といふは後者のことなり』といふのが心配になつて來る。これをもう一つ嚴密に規定するには，その反對の『前者』といふのが『商人一般』を意味することを附記する必要がある。そこでまた筆を取つて，『附記：前者は商人一般を指す』とつけ加へる。

さあ大變な貼札ができてしまつた：『商人は勝手元へ廻る可し，但し來客として來られる商人は此の限りに非ず，但し保険の勸誘員は來客と見做さず，該者は勝手元に於ても受けつけざるものとす，該者といふは後者の事なり，附記：前者は商人一般を指す』

かういふ風なのを稱して umständlich といふわけです。これはまあ餘り極端な例ですが，物の考へ方といふものに，とにかく斯うした傾向があることは事實です。そしてドイツ人の特長とするところも，その特長に伴ふ缺陷も，荒つぽく云へば deutsche Gründlichkeit と deutsche Umständlichkeit の二語に盡きることも事實です。

Schnörkelfreude
『くねくね』した事を好む性質。

常感を以て考へると，『あつさり』した事を好む我々日本人の常感を以て考へるといふと，誰だつてわざわざ好んで『くどくどしい』考へ方をする者は無い筈だ

から,『くどくどしい』といふのは，それは單に手際が拙いためにさうなるのだらう，即ち當人自身の意に反して思はずさうなつて了ふのだらう……と考へます。それはまあ勿論多少さう云ふ所もあるにはある。けれども，まんざら全然わが意に反してさうなる譯ではない。(一たい缺陷といふものは決して全然當人の意に反して生ずることはないもので，必ず其處には其の缺陷を助成してゐる内面的支持者が當人自身の心の中にあるとしたものです)

　ドイツ人のくどくどしさも果して然り。ドイツ人の性質には，かうしたくどくどしさは面白がるところがある。よく云はれる言葉に Schnörkelfreude［くねくねしたことを面白ろがること］といふのがあつて，これがドイツ趣味を一言の下に道破してゐる。Schnörkel といふのは，なんでも斯う,『やゝこしい』,『込み入つた』,『くねくねした』或ひは『くしやくしやした』ことを指します。元來は，たとへば字などを書く際に，それを色々に『ひねくつて』渦を卷かせたり，髭を生やさせたり，ピンとはねたり，曲げなくても好い所を曲げたり，附けなくても好い飾りをつけたりすることを schnörkeln［こねくる，ひねくる］と云ふのです。いはゆる Fraktur，ドイツ字，はかうした國民性の典型的な遺物でせう。――勿論，ドイツだけでなく，英國でも何處でも，中世紀あたりでは斯うした字體を用ひてゐたの

ですけれども，それが今日にまでもまだ傳はつて用ひられてゐると云ふ事實それ自體が，何か斯うドイツ精神といふものと多少の關係があるに相違ありません。本當に「煩はしく」感じてゐるのなら，とつくに廢めてゐる筈でせう。廢めてゐないと云ふのには，何か原因があるに相違ない。

　ドイツ中世紀の最も有名な畫家は例の Albrecht Dürer ですが，まあ試みに Albrecht Dürer の畫を御覽になるが好い。「あつさり」した暗示的なものを好む日本人の畫などとは，正に最も極端な兩極を成してゐるといつて好い。——また，建築などでも，いはゆるゴチツク式な建築，たとへば例の有名な Straßburg の大本山を御らんになるが好い。

　造型美術だけではなく，むしろ文學や哲學などの方が，かうしたドイツ人の性向を最も露骨に物語つてゐる。たとへば，十九世紀初期の有名な小說家に Jean Paul Richter といふ人がある。云はんとする內容の點はまたおのづから別問題であるにしても，われわれ外國人として先づ吃驚せざるを得ないのは，よくもまあこんな「クネクネ」したことを何ヶ月も何ヶ月も机に向つて書いてゐるだけの根氣があつたものだ，といふ點です。書き振りも書き振りだが，一方また讀み振りも讀み振りだと思ふ。よくまあこんなものを一般教養人が辛抱して讀んだものだと思つて，作家に對して感心するよりも前に，先づドイツ人一般に對して感心（或ひは寒心）してしまふ。

　もつとも，近頃は流石のドイツ人も Jean Paul Richter にだけは少々參つたと見えて，實際には餘り讀まれないらしい。一部の學者は，此の事實を以て，ドイツ人に根氣が無くなつたとか，時代が淺薄になつて行くとか云つて嘆じてはゐるやうですが，職業的な研究家にすら讀むのが骨なものを，一般世間に讀めと云つたところで，それは少し無理です。現に，あんなに大勢の學者が揃つてゐても，この Jean Paul Richter を物の十頁

でも完全に首肯し得る如く説明して見ろと云つたら，それの出來る學者は一人も無いだらうといふことですからね。

Jean Paul Richter と其の Schnörkelstil.

では Jean Paul Richter の書くものは，どういふ風にむつかしいかと云ふと，これがつまり前述の Schnörkelfreude から來てゐる。一つの事を云ふのに，決して當り前には云はない。A から B まで行けばよい所を，必らず序でに C を通り，D に觸れ，E を暗示し，F を展望し，G を匂はせてから後でないと B といふ結論に到達して呉れない。しかもそれらが凡て副文章となつて，或ひは關係代名詞，或ひは接續詞を介して，無限のコンマ，無限の Gedankenstriche によつて一つの Satzgebilde にまで築き上げられないといふと承知しない。

何か一つの事を云ふと，必ず同時に斷はり書きが附け加へられ，但し書きがぶら下がり，嚴密な規定が割り込んで來る。良心的なためにさうなるのではなくて，Jean Paul Richter の場合にあつては，むしろ或種の皮肉な態度からさうなる。つまり面白ろがつて厄介に入り組ませてゐる。勿論，讀む者の方でもさうした八幡の藪に迷ひ込んで入口を見つけ出すことを丹念に面白がるものと前提してやつてゐる。

たゞ困つたことには，少し面白がり過ぎる。つまり，ちよつと厄介な二重關係になるわけですが，『さうした込み入らせを極端にやり過ぎる』ことの妙な效果をねらつたのは好いが，その效果を又『ねらひ過ぎる』といふわけです。つまり『遣り過ぎを遣り過ぎる』といふ妙な現象が起つてゐる。Jean Paul Richter の珍なる所以は此の點に盡きると思ひます。つまりドイツ人は何をやつてもやり過ぎるのですな。自分自分のやり過ぎを皮肉り出しても，その皮肉りをまたやり過ぎて，結局身を以て身を證明するといふ變なことになる。

言語と思想 Deutsche Gründlichkeit und deutsche Umständlichkeit

> **Schachtelsatz**
> 箱の中に又箱を入れた文章。

ドイツ語を知つてゐる人には，文法上の有名な現象である例のSchachtelsatz［箱に這つた文章（ママ）］といふ奴のことは，殆んど申し上げる必要もない位でせう。副文章の中にまたもう一つ副文章が這入つてゐて，その第二次の副文章がまた若干の副文章に分れてゐて，その第三次副文章がまた各々一つづつ子を持つてゐて，その子がまだ母の胎内にゐるうち既に各々四五匹づつ曾孫を孕んだ孫を五六匹孕んでゐると云つたやうな文章がこれです，なぜSchachtel（箱）といふ事を云ふかといふ話は，ちようど八月號の本誌（第29頁，註を見よ）で問題になりました。同時に，會社の中に會社があり，その會社がまた配下の會社を持つてゐるといつたやうな，いはゆるKonzern組織的入り組みのことをSchachtelungとかEinschachtelungといふことも，このSchachtelsatzなどと同じ關係にあります。だいいちKonzernを，我國でもドイツ讀みにして「コンツェルン」と云つてゐるのでも大抵察せられる通り，こんな厄介な入り組んだものは大抵，言葉も事實もその發祥の地はドイツに違ひありません。

Schachtelsätzeについては，たとへば，皆様お馴みの，Der Große Duden（Stilwörterbuch）といふ辭書の序言（Vom deutschen Stil）を御参照下さい。(9* 頁)

同時に参考のために，Helene Böhlauの „Der Rangierbahnhof" といふ小説の中の，次のやうな，哲學者カントに對する面白い批評を拔粹してあげておきます：

„Wissen Sie", wendete er sich an Olly, die nicht recht verstand, was er mit dem Wort sagen wollte, „die Weihnachtsgeschichte? — Julklapp — das ist ein Gebrauch so im Norden droben — irgendwo. Es

129

wird eine große Kiste zum Fenster hereingeschoben, die wird mit unsinniger Müh aufgemacht, da ist ein Sack in der Kiste, und in dem Sack,(ママ) wieder ein Sack, und in dem Sack wieder ein Sack — und so fort in die Unendlichkeit ; und im letzten Sack ist ein Bündel, und in dem Bündel wieder ein Bündel, und im letzten Bündel Lappen, und in den Lappen Papiere, und in den Papieren wieder Papiere, und in den Papieren eine Schachtel, und in der Schachtel Schachteln, immer eine kleiner als die andere, und in dem allerallerletzten Schächtelchen: Na? — was ist da drin gefälligst? Gar nichts — so ein Zettelchen, und da steht was drauf — und man denkt Gott weiß was — und was ist's? — ‚Grüß Gott!' — so etwas, was jeder schon weiß. — So ist Kant, genau so".

　『例の……』と彼はオリイに向つて話しかけた,それはオリイには彼の用ひた言葉がよくわからないやうだつたからである,『クリスマスの一口噺を御存じですか？――ユールクラップ――てのは,つまり,北の方の國でよくやる――いたづらなんです――何處だつたか忘れましたがね。運送屋が來て窓から大きな箱をドッコイショと置いて行く,そいつを根氣よくあける,箱の中には先づ袋が這入つてゐる,袋の中にまた別な袋があつて,その袋の中にまた次の袋がある,と云つたやうに何處まで行つてもきりがない。すると,一番最後の袋の中から一つの包みが出て來る,その包みの中にまた第二の包みが這入つてゐる,最後の包みの中には襤褸巾れがあつて,その襤褸巾れの中に紙があつて,その紙の中にまたもう一つ紙があつてその紙の中

に一つの箱があり，その箱の中にまだ澤山の箱があつて，それが一つ一つ小さくなつて行く。そしていよいよ，今度こそもう本當の最後の箱が出て來ると，さあ，これからが面白い。失禮ですがその箱の中に一たい何が這入つてゐると思ひます。何も這入つてゐない。這入つてゐるのは只ちよつとした紙片一枚で，その紙に何か書いてある。さあ，一たいどんな事が書いてあるかと思つて，緊張して讀むと，なアんだ，「皆様お變りはありませんか」とか何とか，とにかく別に改めて承はる必要もない樣な詰らない事が書いてある。——Kant つてのは大體此の調子だと思へば好い，まつたく此の通りです。』

言語と思想

Differenzierung

―― 言語と思想 ――
Differenzierung

關 口 存 男

　　甲　ちよつとした事だけれども，よく云ふ differenziert といふ語の譯語に，私はいつも弱つてゐた。的の端を掠めたぐらゐの譯語なら見つからない事はないが，黑點を貫いた適譯といふ奴が扨てなかなか思ひ泛かばない。――differenziert といふのは，たとへば固く鎖して未だ綻びざる蕾の如き未開人の全一如なる意識に對して，複雜微妙な，洽く分裂し隈なく入り組んだ，裏に裏あり陰に陰ある文明人の意識を differenziertes Bewußtsein といふ，その differenziert である。『分裂した』，『込み入つた』，『入り組んだ』，『複雜な』『複雜化した』などでは，多岐に亙つて行く方面だけは表現されるが，それが進化であり發展であり，且つ又，內面が隈なく耕され，四通八達して，そのために全體として本質的に化成し，或種の味が生じて來るところがどうも表現されてない憾がある。語源的には differenziert は勿論『分裂した』の方向に屬しはする，けれども單にばらばらになつて不統一になつてしまつたのではいけないので，むしろ其處に統一が生じ，綜合が生じ，新たな本質が生じ，しかも此の新生狀態が，例の辯證論的發展の第三者，Synthese として，以前のよりも一段上のものとなつたと云ふ事が表現され，慾を云ふならば序でにさうした歷史的經過，發展の動きまで語意の末に仄めかされると云ふことになると頗る乙なんだがなあ……

　　乙　と思つてゐると，乙などころぢやない，むしろ甲なるものが日本語にちやんと元つから在つた事を，或る日とある明治

言語と思想 Differenzierung

時代の論說を讀んでゐる最中に偶然發見した。それは『分化』と云ふ言葉である。さう云へばなるほど今だつて多くの人が用ひてゐる。けれどもまた他の多くの人達は斯ういふ好い日本語を全然知らない。私もつまり知らない方の多くの人達の一人だつたのだ。

　田田『あんまり外國語ばかりやつてゐるからそんな詰らない何でもない日本語に改めて感心するやうになつてしまふのだ！』と云つて笑ふ人の聲が，はつきりと耳元に聞こえるやうな氣がする。さう一口に言はれてしまへば，なるほど確かに其の通りで，實にまつたくお恥かしい次第である。結局人間には專門といふものがあつて，專門は缺陷を伴ふ。外國語が專門になると，つい母國語がおろそかになるのだ。――その代りにまあ，老の手習式に，人知れぬ謙遜な氣持を以て，生じつか解つたつもりでゐた母國語に對して，茲に改めて無限の崇拜と無限の愛着を捧げながらせめて人並みの語彙と人並みの語感とを獲得しようと努めるやうになる......これが我々外國語研究者のまつたく僞らざる告白なのだ。

　田田　だからマア當方の弱點に關する限りは先づ一應のみならず寧ろ二應三應これを認めるとして，さて其の次に一寸聞き捨てならないのは，此の『そんな何でも無い日本語に改めて感心する奴があるか』といふ甚だ皮相な馬鹿野郎扱ひである。如何となれば，馬鹿野郎がどちらかとい云ふ事は未だ必ずしも決定を見るに至つてゐないからである。(ママ)

　田田　如何となればなぜなれば，然か云ふ所以の其の者は，何かと云ふにその其のわけは，取りも直さず即ちだ：

　田田　卽ち，問題は茲では『分化』といふ言葉である。言葉は思想であり思想は言葉である。言葉ならざる思想が半熟の思想であると同樣に，思想ならざる言葉を知つてゐたところで大した自慢にはならない。然り而して此の場合『あんまり外國語ば

135

かりやつてゐるからこんな何でもない分化ぐらゐの日本語に改めて感心するのだ』といふ批評は，既に『改めて感心すると云ふ事』が一つの重要なる分化現象であり，『外國語ばかりやつてゐた』といふ事が此の重要なる分化現象の前提であるといふ事に氣がつかないと云ふ其の事によつて，『分化』といふ言葉が必ずしも仰せの如く『何でもなく』はなく，むしろ非常に何でもあると云ふ事，並びにこの分化なる言葉の一層深き意味に『改めて感心』する必要が大いにあるのは寧ろ其の必要なき事を矜としてゐるらしい評者みづからであり，當方はまだ其の必要を一足先に感じただけでも一段上は手なのであると云ふ事實を雄辯に物語るものでなくて何であらう。

　　🀫　外國語をやつてゐると譯といふものをしなければならない。譯といふものをしてゐると云ふと譯語と云ふものに困る。譯語といふものに困るといふと之れを求めるやうになる。之れを求めるやうになるといふと之れを愛するやうになる。之れを愛するやうになると云ふと之れを知るやうになる。Wer nicht fremde Sprachen kennt, kennt nicht die eigene と既に Goethe も云つてゐる。――自國語に對する愛と知識は斯くの如くにして『分化』するのである。是れ再歸哲學の再歸的進化論である。

　　🀫　翻譯は外國語の進步を齎さない。むしろ自國語に對する愛の增大を齎す。少くとも苦心をする翻譯家はさうだ。――翻譯をしたために外國語が上手になつたといふ例は聞かない。下手になつた例なら澤山ある。考合すべし。

　　🀫　分化せる知識の確實さは所詮分化せざる知識の及ぶ所ではない。分化せざる愛の不徹底は所詮分化せる愛の深刻に比すべくもない。如かず，未分化の渾一如に蹲踞して枕を高うせんよりは寧ろ分化の迷路に立つて愕然瞠目せんには！

言語と思想

Ethos

――言語と思想――

關口存男

🀫　Ethos と云ふ概念が學問上よく問題になる。學問上よく問題になると巷間も亦從つて之れに附和して問題にする傾向があつて、これも近頃では高級常識概念の末席を汚すに至つた學術用語の一つである。

🀫　現在の辭書を見ると、風俗とか性格とか、色んな譯語が振つてあるが、全體の感じは相變らず所謂ピンボケで、何處に中心があるのか一向どうも要領を得ない體のものが多い。また、特に精神科學用語として區別されてゐない。

🀫　一擧に定義してしまふと理解力がびつくりして、まるで突然地下室へ這入つた瞬間の眼の樣に、一時何も見えなくなる恐れがあるから、まづそろそろと『搾り』を掛けながら説明して行くが、Ethos と云ふのは、つまり『商賣人氣質（かたぎ）』などと云ふ際の『**かたぎ**』である。『校風』『家風』などといふ際の『**風**』である。『日本魂』などと云ふ際の『**魂**』である。『軍人精神』などと云ふ際の『**精神**』である。『お役人根性』などと云ふ際の『**根性**』である。近頃の學生の間には斯く斯く斯樣の慨はしい『氣風』が見受けられる、など云ふ際の『**氣風**』（或ひは『**風潮**』）である。現在の時局の下に生れた此の『精神』を何時までも保持して行きたい、などと云ふ際の『**精神**』である。二年も三年も北支中支の戰場にゐた人たちの『思想』が其の儘銃後へドヤドヤッと流れ戻つて來ると、好い事もあるが、多少都合の悪い事もある、などと云ふ際の『**思想**』である。其の他、

場合によつて『風俗』とか,『意識』とか,『心理』とか,『イデオロギー』とか『心行き』とか『氣前』とか『氣立て』とか『量見』とか,『考へ方』とか,『氣持ち』とか,時には『人氣』なぞと云ふ妙な事を云ひ,また政治的には（たとへばナチスなどは）『世界觀』などと云ふやかましい事まで云ふが,これらはすべて Ethos そのもの,或ひは Ethos に多少の色合を加へた亞種乃至派生概念とでも稱す可きものである。

　🀫　以上の邦語は適當なのもあれば多少不適當なのもあるが,いづれにせよ Ethos と云ふ概念の眞髓を標的の黑星として,或ひは中心に近いところを貫き,或ひは貫かないまでも星の一角を破り,或いは星の一側を掠め,或ひは惜しいところを危なく外れた彈痕で,好意ある眼で見れば凡て是れマアマア命中彈である。

　だからマア,たとへ黑星は見えないにしても,これらの廣義に於ける命中彈だけを凝と睨みつめてゐると云ふと,黑星がどの邊にあるかと云ふ事はほぼ見當が附きはしないかと思ふ。

　最初から餘り脫線しては不可ないが,脫線ついでにもう一つ脫線して置くと,軍隊の方に『躱避』［だひ］と云ふ難かしい言葉がある。何の事かと云ふと,諸兵射擊敎範第一部第二十七に定義があるが,『平均彈著點と各彈著點との離隔量を躱避と謂ふ』とある通り,一たい射擊と云ふものは,どんなに正確に行はれても,ひ(ママ)は氣壓の影響,或ひは眼の加減,或ひは彈の形の一寸した不規則,或ひは裝藥の分量の微差等によつて,必然的に或種の不可抗的不規則性を示すものである。たとへば,あらゆる完全なる條件を具へて,同じ一つ所を狙つて十發擊つたとすれば,最初の一發が飛び込んで開いた穴の中へ,殘りの九發が吸ひ込まれるやうに這入つてしまふかと云ふに,さうは行かない。一發每に,その一發に特有なる偶然が働いて,射彈はバラバラと „或る點" を中心に撒布される。そして,元來中る

可き筈であつた其の„或る點"なるものには，通常一發も中らない。斯ういふ風に，もはや人力を以ては如何ともすることの出來ない，そして現在の科學の進歩程度では訂正しやうのない，そして標準的であると同時に理論上與へられたるものとして認めて宜しい底の『的外れ』のことを躱避と云ふのである。

狙ひ方に飛んでもない間違ひがあつたり，裝藥が不良だつたり，彈道が著るしく曲るほど激しい風が吹いたりした場合は別で，こんなのは躱避ではない。

前述の，色々な言葉を擧げたのは，つまり躱避と云ふものを最初から計算に入れてやつた仕事と思つて頂きたい。言葉や概念や說明や譬へにも不可抗的な躱避と云ふものがあつて，また面白い事には，此の躱避と云ふものをよく考へれば考へるほど，むしろ中心問題が益々はつきりもし，其の理論的存在が益々證據立てられて行くのである。——どうも大變脫線してすみませんでした。では愈々本問題に戻ります。

前述の，多少の躱避を伴ふ，機關銃で„點射"した樣な序論的定義によつてほぼ明らかになつた點が二つ三つある。まづ第一にはEthosと云ふ奴は，或る場合には社會學的，或る場合には心理學的或る場合には政治的な色彩を伴ふけれども，いづれにせよ，其の中心は兎に角『倫理的』なものであつて，道義心に關したものであると云ふ事がわかる。卽ち，決して『智的』なものではない。其の點では，たとへばナチスのよく云ふWeltanschauungなどと云ふ語は，いかにも意識的・智的な理窟のやうにきこえるから，Ethosたらんとする理想は持つてゐるにせよ，決してEthosの言ひ換へとして適當とは云へない。Ethosと云ふ以上は，やはり『氣質（かたぎ）』,『肌』,『氣立て』,『氣風』であつて，多少意識されるにはせよ，大體に於て第二の本能とも稱す可きほど，其の當人，乃至は幾多の人間の『考へ方』を根本から左右してゐる底の，道義的基調，乃至感情的基調で

なくてはならない。『物の見方』などと云ふ智的なものではない。勿論感情的基礎が違へば從つて物の見方も違つて來ようけれども，Ethos といふのは，物の見方よりは一段奧にあつて，既に其の物の見方を決定してしまつてゐる所の感情的基礎のことをいふのである。

或る場合には當人は之れを意識してゐる。軍人が軍人精神を意識して，益々之れを高揚して行かうとするのなどが其の例である。――或る場合には當人はこれを意識してゐない。純朴な田舍者は別に自分が純朴たる事を知らずして純朴であり，すれつからしの國際ゴロは，人間は俺みたいに頭が好ければみんな俺のやうな考へ方をしなければならない筈だと云ふ信念を持ち，且つ自分以外の Ethos の所持者を一段下のものと思つて內心輕蔑してゐると云ふ範圍に於て，卽ち知らず識らずの內に一つの特種な癖の中に監禁されてしまつてゐると云ふ意味に於て，これ亦矢張り純朴な田舍者と同樣 Ethos に對しては無意識である。

けれども，程度の差は別として，いやしくも Ethos といふ以上は，多少に拘らずそれが無意識的なものであり，本能的なものであり，宿命的なものであることを考へる。

以上の考察を基礎として，ちよつと荒つぽい定義の樣なものを敢てするならば，Ethos とは，『感情に一定の方向を與へる所の，從つて多少癖のある形態として考へられた本能』であるとでも言へば，まづ只今のところ大過無きを得るであらう。

と書いて早速氣がついたが，此の定義には一つの缺陷がある。それは此の定義の儘で行くと，では Ethos と云ふのは個人個人の持つてゐる『個性』(Individualität) か，『性格』(Charakter) か，と云ふ疑問が生じて來る。だから此の定義を早速修正して，但し個性や性格ではない，と云ふ一側を明らかにする必要が生じて來る。

　田　その爲めにはまた最初の色々な日本語を考へて見れば好

い。たとへば『氣風』とか,『人氣』とか『世界觀』とか『イデオロギー』とかいふものは,決して一定の個人だけが持つてゐて,他に二つと例のない『個性』や『性格』などではない。五十錢銀貨と云へばどれも同じ五十錢銀貨であるやうに,Ethos は,あなたの Ethos も僕の Ethos も彼女の Ethos も彼等の Ethos も汝等の Ethos もピタリと同じ物であつて好いのである。

またこれも矢張り五十錢銀貨の樣に,Ethos は手から手へと渡り,天下に瀰漫して宜しい。子供を變な學校へやると其の有難い校風（此の „風" が Ethos）を „引いて" 歸つて來る。校風なんてものも矢張り風邪と同じやうに „引く" ものである。うちには確かそんな家 „風" は無かつたと思ふのに,規則書に質實剛健と書いてあるのに惚れ込んで入學させたら,案の條質實剛健な Ethos を持つて歸つて來て,時には夜中の十二時過ぎに質實剛健な足取りで歸つて來たなんて事まである──こんなのは個性とは何の關係もない物である事は斷るまでもあるまい。

殊に『人氣』なんて變な物を考へて見るが好い。『此の界隈は少し人氣が荒いですからな……』なんて事を云ふ。成る程相當人氣が荒い。遠慮なんかしてゐると飛んだ馬鹿を見る。『おい,ちよつと一本タバコを吳れ！』と云ふから,一包み出してどうぞと云ふと,『すまねえな』と云つて包みごと持つて行つてしまふ。歸らうとすると下駄が變つてゐるから,これこれの下駄を穿いて來たのだがと云ふと,『そんな好い下駄を穿いて來るからだ』と云つて頭つから笑はれてしまつておしまひになる。飛んだ Ethos の支配する社會へ飛び込んだものだと思ふが,Ethos は Ethos として,個人個人を取つて見ると,別に氣立ては惡くない。氣立てはやさしい。ただ人氣が荒いだけである。出刃庖丁で斬りつける位は何とも思つてゐないが,後で香奠はちやんと持つて來る。此の人氣,此の氣立ては何かと云へば,人氣も氣立ても兩方とも Ethos といふものから來てゐる。つまり

言語と思想 Ethos

特殊の Komplex（現象）であり，特種の Mischung（調合）であると云ふ點では此れまた一つの個性，性格であるが，それを有する當人（der Träger）とは明らかに切り離して獨立させて考へなければならないと云ふ點では矢張り一つの社會現象なのである。

　□□　個人から無理に切り離して考へるまでもなく，時とすると既に個人から自然に『切り離れて』獨立してゐることすらある。純社會現象としての傳統的 Ethos を取つて考へて見ればいくらも有名な例がある。──一昔前までの歐洲各國の軍人や貴族などは，人前で一寸した侮辱を受けても必ず判で捺したやうに『憤慨』といふ奴をし『なければならなかつた』。sollen の過去である。そして同時に，個人としては少々都合が惡くても，必ず相手に決鬪を申し込ま『ねばならなかつた』。腹と云ふ奴は，立つ時には立てまいと思つても立つが，さあ立てやうと思ふと，さう仲々註文通りには立たないものであるから，隨分困つた貴族や將校もあつたと見えて，そんなのが色々と小說や戲曲の材料になつてゐる。また，西洋の婦人には，或種の猥褻な光景を見たり，或ひは血を見たりした時には必ず氣絕しなければ不可ないといふ Ethos がある。たとへば白晝往來の眞中でワンワンが寄つて，ワンワンがする樣な事をしてゐる。其處へ，そんな事は決してなさつた覺えのない何某婦人が赤ちやんを抱いて，女中を連れてお通りすがりになる。女中がゐなければ橫を向いて通ると云ふ手もあるが，女中と一諸にパツタリ其の前に立つたのぢやあ，もうどうにもならない。さう云ふ時には，先づ赤ちやんを女中に渡して，それから『アレーツ！』とは云はないが ab! と悲鳴を擧げながら，女中の方で巧く受け留めて支へる事が出來る樣な方向へ凭れて人事不省にお陷りになる。女中さんが大變だ，赤ん坊は抱かにやならず，チヨツと斯う双葉ぐらゐある奥さんは支へにやならず，おまけに胸からハンケチを出して奥さんの顔をパタパタ扇がにやならず，そしておまけに

Hilfe! とか何とか云つて黄ろい聲を搾らにやならず……其のうちに通行人が大勢駈けつけて、やれ水だ、やれ醫者だと騷ぎ出す。と云つたつて、心得たもんで、決して必要以上には騷がない。と云ふのは、人事不省の奥さんだつて、いくら人事不省とは云へ、月末の支拂ひの事まで忘れてしまふ程人事不省ではなく、だいいち人事不省と云ふのが、人の事は省みずと云ふ事なので、自分の事まで省ないと云ふ譯ではないから、醫者でも呼びに行きさうになれば大抵の奥さんは正氣を吹き返す。また、あんまりしつこくすると、口の悪いのがゐて蔭で何だかんだ言ふから、既にそれだけの理由を以てしても、適當の頃にあつさり切り上げた方が得策である。

　以上は先づ傳統の Ethos が個人を離れて事實的に獨立現象となつたものの最も極端な例であるが、斯うした例は、程度の差こそあれ、如何なる Ethos にもある現象で、露骨になればこそ斯う云ふ風に面白く扱へるが、微妙な遊離現象に至つては、心境小説でも書かないと表現できない。

　傳統の Ethos, 土地に卽した Ethos（卽ち風俗）はさうであるが、個人の性格乃至個性の一部を成した Ethos にも、これと全然同じ遊離現象がある。

　自分自身の事を云ふのは少し氣恥かしいが、遠い昔の事を考へると、私自身、色んな Ethos を蟬が殻を脱するやうに、蛇が皮を脱する樣に脱しつつ今日に至つて來たことを考へざるを得ない。或る時は私は仕樣のない惡戲小僧で、しかも隊長になつて悪い事をして、悪友にやんやと譽められるのが Ethos だつた。今でもまだ多少さう云ふヤクザ性が薄ボンヤリと性格の一隅に殘つてゐるが、さうした Ethos に關して、學校時代に或る人に懇々と説諭を受けて、遂に泣き出した事を覺えてゐる。と云ふのは、説諭を受けるよりもずつと前から、自分自身で、もうさうした氣風に大分うんざりしてゐたのだつた。つまり、私自身

でも既に反省せざるを得ないほど其のEthosは私自身から遊離した獨立現象となり，自分ながら愛想が盡きてゐたからである。——こんな現象は誰のEthosにもあると思ふ。だから，犯罪人，常習犯などと云ふものに對しても，病的なものでない限り，吾人は斯うした側から人間を見てやる必要があると思ふ。吾人は何も知らずに犯罪を唾棄するけれども，犯罪する當人に至つては，吾人以上の健全なる人間性からして自分自身の犯罪を唾棄してゐる事が多いのだ。否，罪を知らない善人にはむしろ惡心を本當に唾棄するなどと云ふ權利はないのだ，と云つても過言ではないと思ふ。——惡い傾向のEthosばかりではない，善い傾向のEthosと雖も，絶えず個人を離れて遊離し獨立しようとする傾向を持つてゐる。茲にEthosの大問題が存するのである。

　　凡そ物の感じ方，即ち根本的道義觀念の態姿（Verhalten）と云ふものが，凡て所謂る社會現象・歷史現象・人間性現象であつて，自分だけの個性だと思つたり，人にはこんな所はあるまいと思つたりするのが飛んでも無い迷信であると云ふこと……此の事は實に一寸聞いて『ははあ』と思つた位では到底其の眞の深さに想ひを致す事の出來ない程深甚なる認識でなくてはならない。

　普通よく『あの人の性格はちよつと一風變つてゐる』とか，『あの男は實に譯のわからん奴だ』なんて事を云ふ。一風變つてゐる，などと云ふと，如何にも個性的で，他には絶對に其の例が無い樣に聞こえるが，私が此の人生で四五十年見聞して來たところによると，凡そ人間の癖として，たとへばAさんだけにあつて，他の人間には絶對にその例を見ないと云つたやうな性質は一つも無かつたと覺えてゐる。もしそんなものが地球上の何處かに一つでもあればお目に掛りたい。

　性格とか個性とか云ふ事を云ふが，既にそれが吾人の直觀によつて把捉されるものである限り，道義的なVerhaltenと云ふ一

側から見ると云ふと，萬人共通の Ethos に非ざるものは一つも無い。こんなのは俺だけだ，こんな氣風はドイツだけだ，こんな道德は現代だけだ，などと決めてゐる人があるとすれば，それはよつぽどお芽出度い人である。Ethos の世界に私有財產は無い。或る一つの Ethos は，誰の物でもない，誰のものでもある。

　試みに，萬籟靜まつた人無き夜半，やをら寢床から半身を起こして，自分自身を反省して，自分だけの固有の，唯一の，無二の，無三の無四の無五の『個性，性格』はどの點かと一生懸命に腕を組んで考へて見るが好い。早く蒲團を被つて寢た方が利口だと云ふ事は十五分を出でずして解る。

　哀れなる人の子よ，此の點なんぢは全くの文無しであるぞよ。なんぢだけにあつて他の人間には絕對に無いなどと云ふ點は，それこそ絕對に無い。『おれの斯う云ふ點が……』などと云ふ事を止めよ。物主代名詞は文法上の誤ぢや。ただ指示代名詞だけが正しい。『斯う云ふ點』と『あゝ云ふ點』とはおまへの物ではない。ただ其の中間に介在する『と』だけがおまへの物ぢや。おまへはつまり單なる『と』に過ぎぬ。どうぢや，『と』よ，わかつたか？

　🁢　次には，Ethos と云ふものの理論的獨立性，と云ふよりはむしろ感性的造形性，實體性に就て述べる。

　そのためには先づ，Ethos を形容する場合に，ともすれば用ひたくなる『特徵』とか，『特殊性』とか，『癖』とか，『型』とか云ふやうな稀薄な定義に對して批制（ママ）を加へて見ると段々わかつて來ると思ふ。Ethos は單なる『特徵』，『特殊性』，『癖』，『型』ではない。否むしろさうでない所に此の概念の重心があると云へる。『特徵』と云ふと，ちよつと斯う何だか形容詞的な考へ方になり，『特殊性』と云ふと，ちよつと斯う何だか形容的な考へ方が便宜上假に名詞のやうな形を取つてゐるに過ぎない樣な感じを與へ，『型』といふと何だか形式だけを抽象し

て内容はまた別に他に在るやうな風に考へさせる缺點を持つてゐるが，Ethos と云ふのは，そんなものではない。Ethos と云ふ場合には，實際さう云ふ實物が何處か其の邊に『在る』やうに考へるのである。つまり，たとへ眼に見，手に觸れる事は出來ないまでも，謂はば眼を以て輪廓を視ることが出來，哲手(ママ)を以て具體的に觸つて見ることも出來抵抗を感ずることも出來る，一つの Wesenheit（具體的存在）として考へるのである。よく云ふ Wesenheit と云ふのは，つまり斯うした『實際さう云ふものが何處か其の邊に轉がつてゐるかの如く考へられる物』のことで，Ethos も正にさうした Wesenheiten の一つである。

　□□　手を以て觸れる事の出來るほどガッチリした（gediegen）具體的存在であると云ふ證據は，たとへば『家風』や『時代精神』を考へて見ると露骨にわかる。まだよく家風を知らない新參者が或る舊家へ這入つて來て，うつかりした口を利いたり，今までの心算で行動したりすると，それはまるで暗中勝手を知らぬ部屋へ飛び込んだやうなもので，柱へ頭をぶつつける，家具に向ふ脛をぶつつける……しばらくは大變な騷ぎを演ずるに相違ない。だから，心得た人間は，最初の中は探り氣味で，萬事控へ目に行動するのが常である。家風をよく知つてゐる人から見れば，斯ういふ最初の用心は隨分噴飯に價するものかも知れない。なんにも置いて無い所にまで，いちいち手を延はして(ママ)見たり足をソロソロと踏み出して見たり，その癖チョツト觸つても直ぐガラガラと崩れるやうな物が澤山積み重ねてある所を平氣で擦れ擦れに通過したり，——ギヤツと硝子の道具を踏み潰さうとして危ふく足を宙に浮かしたり，その足を疊の上に附けるのにまるで脹れ物に觸るやうな超スローモーションを用ひたり……とにかく眼の見える第三者から見れば一擧手一投足が噴飯物である。けれども，家風といふものがはつきりとした凹凸を具へた具體的存在である事を知つてゐる者としては，斯う

した用心は當然であつて、むしろ笑ふ奴の方がおかしい。笑ふ奴は、當家の此の家風が直ちに以てあらゆる家の家風だと思つてゐるので、それが實は非常に特殊な凹凸を具へた變な恰好の代物である事を知らないのである。卽ち其の造形性（Plastizität）の全幅を完全に意識するに至つてゐないのである。

かう云ふ風に譬喩を用ひて述べても、學理的な考へ方に慣れない人には、なかなか此の Wesenheit として考へることはむつかしいだらうと思ふが、とにかく社會といふものには或種の具體的な現象があつて、表を歩けば電信柱にぶつかると同じ樣に、ゴツンと額がぶつかつたり、無視して通らうとしても通れなかつたり、除けようとしても重くて除かなかつたりする或種の『物』がある事は納得出來るだらうと思ふ。

さうした『物』は、結局は人間が寄つてたかつて拵へてしまつた物ではあるけれども、一たん拵へられてしまふと云ふと、もう人間を離れた立派な生物として、獨立的に自主的に發達を遂げて行き、こんどはもはや人間の云ふ事を聽かない。もはや人力を以ては如何ともし難き隱然たる勢力となる。人間の邪魔にもなれば、人間に便乘されることもあり、また反對に人間を喰つてしまふ事もある。――さう云ふおそろしいものは、これはもう『性質』とは云へない、『特徴』とは云へない、『抽象概念』とすらも云へない、これはもはや一つの『生き物』である、卽ち一つの Wesenheit である。（單に Wesen と云ふと、あんまり具體的になつてしまつて、ギリシヤの神樣の樣にヒヨコヒヨコ歩き出したりなどすると二十世紀の估券にかゝはるから、學者は其處に多少の抽象性を恥かしさうに認めて -heit と云ふ有難い語尾を奉つてゐる。ついでに云ふが、ギリシヤの昔にあつては、かう云ふ抽象概念は、有名なものは直ぐに一躍して Wesen に昇進する癖があつた。たとへば der Tod と云へば（thanatos）これはもう立派な一人の神樣卽ち Wesen で、der Schlaf はその御兄弟

分にましますなど，歴たる系圖まであつた程である。けれども
ギリシヤ人のことを笑ふなかれ，二十世紀の學者と雖も實は同
じ事をやつてゐる，といふのは即ち凡ゆる『關係』の『名詞化』
がこれである。けれども，これはまた話が別になる……）

　🀫　其處でまた Ethos に話が戻るが，Ethos と云ふものを，た
とへ只今云つたやうな『實體』（Wesenheit? Wesen? どつちかな？）
として認めるには異議がある，と云ふ人でも，少くとも次に云
ふ事に對しては異議はあるまい。即ち，Ethos（氣風，精神，魂，
根性，かたぎ）と云ふものは，具體的に云へば勿論誰か個人が
其の持ち主（der Träger）なのであつて，即ち『必ず誰か持ち主
がゐる』わけで，決して Ethos と云ふものがお祭の風船玉みた
いに持主の手を離れて人間共の頭上をフワリフワリと風のまに
まに飛んでゐるわけのものではないが，然し社會を哲學的に觀
る眼，即ち哲眼を以て諦視すると云ふと，或種の意味に於て
は矢張りお祭の風船玉みたいにフワリフワリと『人を離れて』
獨自の行動を取つてゐるものであるのである。つまり一つの
Wesenheit たる資格を充分に持つてゐるのだ。風船玉は譬喩とし
て餘り好くないが，なんなら空に懸つた虹を考へて見るが好
い。『虹は水粒だ』とは云へない，むしろ水粒が帶びてゐる一
つの特性である。では水粒の色か，と云ふに，水粒の色でもな
い。水粒の色なら，水粒が動けば少し位動いてもよささうなも
のだが，虹は御覽の通りぢつとしてゐる。ぢやあ虹は水粒の何
だ，と云ふ事になるが，此の問は，そもそも疑問の起し方が間
違つてゐるので，『虹は水粒の何だ』なんて，そんな勝手決め
の問は無い。單に『虹は何だ』と云ふのなら，何とか答へ樣が
あるかも知れないけれども，『水粒の何だ』と問はれては，ち
よつと何とも御挨拶の申し上げやうがない。強ひて答へようと
するならば『虹は水粒の何でもありません』とでも答へるより
仕樣が無からう。

虹を譬に持つて來たのには色々とわけがあるのだが，如上の關係がまづ重要である。虹と云ふのはつまり Ethos のことで，水粒といふのは人間のことである。水粒が無ければ虹は有り得ない如く，人間といふ Träger がなければ Ethos もへつたくれも有り得ない，——これは當り前である。けれども，それと同等の程度に於て確かなのは，水粒がどんなに動いても虹は動かない如く，人間がどんなに動いても Ethos は動かない，と云ふ此の一事である。——つむじ曲りな水粒がゐて，おれはこんな虹は氣に入らんからアツチ向かう，と云つてアツチ向いても，虹は微動だにしないでコツチ向いてゐる。虹はつまり完全に水粒を離れた，そして水粒とは謂はば何の關係もない一つの自主的存在と考へられるのである。

Ethos の人間に對する，また然り。校風なるものにしても，軍人精神なるものにしても，何とか氣質なるものにしても，其の Träger 卽ち tragender Grund は年々歳々流れるやうに變つて行く，然し Ethos その者は，長い眼に見た上の消長こそあれ，その Träger の新陳代謝によつては殆んど何の影響も受けないのである。日本人は毎年死んで行くが，日本精神は何時までも續くだらう。

　　個人個人とは何の關係もないと云つたが，玆に考へ方を全然改めて，社會的にではなく，個性と云ふものを中心にして考へて見ると，奇論の樣だが，Ethos は更に一層個人とは無關係なものである事がわかつて來る。

前に言つたやうに，Ethos は決して『性格』ではない。性格（Charakter）は其の人其の人と切つても離せぬ關係にあるもので，謂はば其の人から生えて出たものであるから，これは Ethos ではない。Ethos と云ふのは個人を離れたものであつて，しかも個人の一側でなければならない。

女中根性，と云つて，女中と云ふ階級には獨自の Ethos が存

在する様に考へるが，個人個人の女中を取つて仔細にこれを點檢して見るならば，まさか Dienstmädchentum（女中根性）其の者が化けて出た様な女は無いとしたものである。勿論冗談にはよく Sie ist das Dienstmädchentum（彼女は『女中の概念そのもの』だ）なんて事を云つたり，Sie ist das Dienstmädchentum selbst（彼女は女中かたぎ其の者だ）などと云ふが，それは勿論誇張で，人間が直ちに =tum である，などと云ふことはない。人間が直ちに定冠詞附きの一般名詞だつたら大變だ。もつとも，作文を作らせると，『わたしは病氣です』といふのを Ich bin die Krankheit などとやつて平氣な人もゐるが，それは Ich bin krank のことでせう，と云はれれば誰でも其の差に氣がつく。要するにどんなに完全に女中かたぎの女でも，それは必ず Sie ist ein Dienstmädchen であるか，Sie ist durch und durch Dienstmädchen であるかだ。よく云ふ Sie ist das fleischgewordene Dienstmädchentum（彼女は女中氣質のお化けだ）なんてのは要するに事實を無視したところを面白味とする奇論なのである。

　要するに此の das 何とか =tum（何々氣質）と云ふ奴は，凡ゆる個人の中に幾分づつか存在してゐて，出る時には出るし，出ない時には意識下に引つ込んでゐて出ないものである。たとへば女中を四五年もやると，人妻になつてすつかり Ethos が違つてしまつてからも，何かの機會にひよつこり出る事がある。――また，甲の女中の女中根性と，乙の女中の女中根性とは，全く同じものでなくてはならないことは既に述べた通りである。同じものでなければ抑々何々根性とは呼べない筈である。――『同じもの』といふ語に注意して貰ひたい，即ち『似たもの』ではなくて，むしろ全く『同一物』なのである。『似たもの』と考へる人がゐたら，その人はまだ Wesenheit としての Ethos を考へてゐないで，まだ何か性格とか性質とか云つたやうなものを考へてゐる證據である。さうではない，同じ『一つの物』な

のである。此れを稱して Wesenheit と云ふのである。

　　囧　たとへば私は學校の教師であるが，召集を受けて軍隊にゐると，私『の中』には忽ち Soldatentum と云ふ tum が支配的になつて來て，これでもなかなか勇敢である。Lehrertum の方は潛在意識の中へ段々と沈下してしまつて，たとへば平生ならば先生としては決してやらないであらう樣な事を無意識に思はずやつてゐる自分を見出してハツとする事がある。どんな事をやつたかと聞かれては恐縮するが，とにかくまあちよいちよいそんな事があつて吃驚したと云ふ邊でお茶を濁しておかう。とにかく Ethos と云ふものは，お互ひに何の關係もないものであり，また其の Träger たる私自身の個性ともさう大して關係のないものであり，しかも立派に私『自身』であり，同時に金輪際首が飛んでも私自身ではない……要するに私を離れた一つの Wesenheit なのだといふ事がわかる。

　また面白い事には，『そもそも私自身とは何ぞや？　二三乃至五六の重要な Ethos を引き去つた後の本當の私自身とは何ぞや？』と考へて見ると，そして此の算術問題を眞面目に解いて行くと，これも前に言つた如く，答は『ゼロ』とならざるを得ない。――少くともこれが社會學的には konsequent である。ゼロでは無くて，其處に何か殘るものがある，たとへば個性とか自我とか何とか云つたやうなものがどうしても割り切れずに後に殘ると云ふ人があつたら，その人はまだ Ethos と云ふものの科學的な考へ方に多少缺陷があると云ふ事になるだらう。よく聞く笑話だが，下女がキヤベツの皮をみんなむいてしまつたといふ噺がある。皮だと思つてみんなむいてしまつたのだ。Ethos は卽ち人格の皮であつて，皮をむいてしまつたら人格は何處にもありやしない。如何となればむいて捨てたところだけが取りも直さずむいて捨ててはいけなかつた所，卽ち求むる所の人格だつたのだからである。女中がポカンとしたのも道理だ

けれども，我々もポカンとしない樣に用心しなければなるまい。——要するに，吾人が普通自我と稱してゐる所のものの中には，Ethos として考へ得ざる何物もないのである。もし一般的 Ethos の型に無い本當に獨自な何者かが一つでもあるとすれば，その人は地球上の人間ではないであらう。

　同時に斯う云ふ事が云へる：社會學的な考へ方の出來ない人は，『個性』と云ふものが土臺にあつてそれが Ethos として假に現はれるかの如く考へる癖がある。即ち Ethos を單なる形と見，個性を其の Träger と見てゐる。ところが，實はそれが逆なのである。即ち，たとへば物質界には諸種の元素があつて，牛乳とか土とか紙とか樹とかは單にそれが一時統一的に集合してゐるものに過ぎないと同じやうに，世は只多くの Ethos があるのみで，それが色んな機構をなして一所に集つて一現象を成してゐるのを稱して『個性』といふのである。つまり關係は逆で，Träger はむしろ Ethos の方であつて，個性は其の假の結合點にすぎない。從つて Ethos は確かな具體的な Wesenheit であるが，個性なんてものは，まるで何處かの國の內閣みたいに，いつぶつくら返るかわからない，賴りない，甚だ弱體な，謂はば Wesen のないものだと云ふ事すら出來る。——少くともこれが科學的な考へ方である。

　度々問題になつた『人格』とか『性格』とか云ふものも，これが實は Ethos 其の者なのだと云ふ事が出來る。二重人格どころか，三重も四重も人格があつて，それらが übereinander に折れ重なつた，謂はば Schichten（層）のやうなものが一個人の個性だと考へる事も出來る。要するにキヤベツの話だ。また一つの個人は，二面の Janus どころか，八面十面の怪神の如きもので，其の各々の一側を以て各々異つた社會に屬してゐると云つて好い。『良人』なる一側を以ては家庭と云ふ世界に根を下ろし，『專門家』たる一側を以ては其の專門の世界に生き，『國

民』たる一側を以ては國家と其の運命を共にし,『男』として の一側を以ては時に年甲斐もない醜體を演ずるなど, 普通はこ れ等の數側を一括して便宜上『何の某』と云ふ固有名詞で呼ん でゐるが, これは實は甚だ無理なわけで, 時とするとこれらの 數種の Ethos の各々の間には, 殆んど姓名のレッテル以外に何 の共通點もない事すら起つて來る。それが證據に, 役人が役所 へ行つて事務を執つてゐる最中に, 家から電話が掛かつて來た りすると, 其の瞬間にはちよつと Ethos のスキッチを切りかへ ないと急には『家庭人』らしい自分にはなれない。そんな事が 毎日の樣にある人は, 此の切り替へに對する或種の本能的な技 倆が生じ來るものだが, たまに生ずると, とてもまごつくとし たものである。

　つまり Ethos といふのは, 誰にでもある人格の一側である。 私にもそんな一側があり, あなたにも丁度それと同じ一側があ り, その他の多くの人々もそれと同じ一側がある。それら多く の一側によつて我々はお互ひに一つの特殊な社會をなしてゐる のである。——但し私はそんな一側ばかりではない, その他に なほ五つ六つの側面がある。それらの側面を滿足させんがため に, 社會には丁度それとピッタリ合ふやうに出來てゐる多くの 「社會」がある。といふよりは寧ろ, 社會にさうした多くの「社 會」があるが故に, それに誘發されて私の中にはさうした數個 の側面が發達して來たのかも知れない。或ひはまた其の兩方か も知れないのである。

　🀫　だから, 苟くも社會に結成される有りと有らゆる Gebilde （サア, 何と云ふか ...... 結成體 ...... 制度 ...... 現象 ...... 組 織 ......「構へ」...... ？）は, 必ず個人の多くが其の時其の 時に呈し掛かつてゐる何等かの Ethos にアッピール（appellieren） しなければ成功の望みはない譯である。共產黨なんてのも, 世 界の人口の大部分を占めてゐる小ざかしいインテリ乃至イン

テリ志望者の手つ取り早い簡単な Ethos を巧いこと摑んでゐる。摑んでから後ではかなり變な事もやるやうだが，摑む可きところだけは喧嘩でキンタマを摑むやうにあれで相當しつかり摑んでゐる。マクルス主義とか，唯物論とか何とか，理窟の上ではかなり洒落れた事も云ふが，問題はそんな事ではなくて，とにかく何等かの Ethos を摑んで，Ethos を元手に一仕事するのだと云ふ事を（猶太人は斯う云ふ所はなかなかどうして事業家である）ハッキリと意識してやつてゐる。ナチスだつてフアッシオだつて，何か一つの Ethos にアッピールすると云ふ點では問題は共產黨の場合とちつとも違はない。稱して Ideologie とか Gesinnung とか Weltanschauung とか何とか，それぞれ勝手な範疇を製造して氣の弱い者を壓倒しようと掛かつてゐるが，問題は要するに，商賣人が宣傳する時には其の文句はどうあらうと凡て結局は吾人の財布と云ふ本能寺にアッピールするごとく仕組んで掛かる如く，それらの運動も亦結局は敵は本能寺にあるのであつて，本能寺と云ふのは卽ち吾人の一面を成してゐる何等かの Ethos なのである。

　　では吾人の何等かの Ethos に訴へて，それを元手に一たい何をしようとするのかと云へば，それは人樣の財布にアッピールしてそれを元手に一たい何をしようとするのですかと云つて例へば商賣人に訊ねて見るが好い。『そりやあんた，儲けて一杯飲むんですよ……』と云ふに決まつてゐる。つまり問題は儲けて一杯飲むといふ事に過ぎない。儲けないで一杯飲む酒はまづいが，儲けて一杯飲む酒はとてもうまい。そんなのを一杯飲まうと云ふのである。喋舌るのを聞いてゐると如何にも固苦しさうだが，話は案外よくわかつてゐるのである。——話がよくわかつてゐるだけに，狙はれる個人の側としては餘つ程用心して掛からなくちやならぬ。さうオイソレと簡單に Ethos の蛾蟆口をパチンと開けて，先方樣にあつさりと一杯飲まれて好

いものだかどうだか。先様はそれでも好いと仰有るかも知れないが，こちら様は餘り好くない。後で好い加減迷惑しちやいますからな。

とにかく世界史の檜舞臺に立つて社會科學の實習でもしようかと云ふ料簡の男なら——興亞の大業に乗り出した我々日本人としては當然さう云ふ料簡の男にならなくちや！　今からはもう引つ込みはつかない......茲に一つの新たな Ethos に捩りを掛けて土俵を踏んで貰はにや困りまっせ......——それ位の料簡（Ethos!）の男なら，北や南の異人さんに，彼等に取つてばかり丁度都合の好い Ethos を狙はれて『さよか』と言つて阿呆みたいにパチンと開けて差し出すと云ふ手はないでせう。むしろ『一寸失禮ですが......』と云つて逆にこつちから睾丸か一物か何か狙はなくてはならない所だ。芝居氣のない男は實にショーが無い。

　🎐　ママ，それはそれで好い。次だ。次に Ethos の持つ特有性として，それが一面非常に特殊なものであつて言葉の上では先づ漠然と形容でもするより仕方がないに拘らず，實感を以てするならば誰にでも宛ら我身の事の様に痛切に實によく『わかる』と云ふ種類のものであること，一言にして斷ずるならば要するに個性を持つたものであると云ふ點が擧げられる。

だいいち人は往々にして誰それの個性がどうの斯うのと云ふ事を勿體ぶつて口にするが，よく考へて見れば，これも前に云つた通り，それは決して其の人だけの個性でも無ければ，また其の人自身にしてからが，決してそんな簡単な事で定義してしまへる様な結晶體ではないと云ふ事がよくある。此の點世の人物評論と云ふ奴は謂はば淺草の芝居か浪花節か講談の程度を一歩も出てゐない，と云ふのは即ち，低級な芝居にあつては，人物は直ちに以て gleich = ein Ethos であつて，道樂息子は第一幕から大詰まで道樂息子，やかまし屋の爺は轉んでも滑つても必

ずやかまし屋, しかもそれらの Ethos は, どつちへ轉んでも日曜に淺草へやつて來る階級に必ず『わかる』と云ふ意味に於て取扱ひ・手入れ・修繕・其の他に手の掛からない, そしてタタキの上へ落としても毀れない體のガッチリしたゴツイ Ethos でなければならない。靴で云へば兵隊靴ですな。そんなので無いとアッピールしない。アッピールとは何ぞやと云へば, これが即ち『わかる』と云ふ事なんで, ドイツの哲學者が勿體らしく das Verstehen などと云つて認識論の根本概念にしようと掛かつてゐるのも要するに此の『わかる』と云ふ現象に過ぎない。——淺草と人物の評論とはマア多少程度は違ふかも知れないけれども, 程度は違つても本質はちつとも違はない。『ここが此の人の獨特なところなんで......』などと云ふが, 獨特だと云ひ乍ら實は甚だ獨特でないと云ふ證據には, 聞く者の方では『アハン！』と云つて合點するし, 云ふ方の側でも實はそれを目當てにして作つて云つてゐるのだ。(作つたのだがまた偶然中ることすらある, だからです！)『アハン！』と合點してお互ひに點頭き合ふ樣な個性ならどうせ高が知れてゐる。つまり個性でもなし獨特でもなし, おまへも持つてゐれば私も持つてゐる, と云ふのは即ち誰にも持たれてゐるが故に即ち誰にも持たれてゐない, むしろ逆に人間の方が其奴に持たれてジタバタ藻掻いてゐる所の何物かであるに違ひない。

　要するに, 個性を神秘的に考へたがる人たちは, 自分が一たい何の事を言つてゐるのだかサツパリ要領を得ない間だけ神秘化して考へる事が出來る。しかも其の要領を得ない間だけが相當長いとしたもので, 『ぢやあ一たい貴君の仰有る個性と云ふのは結局どの見當なんです』と問うて見ても, いや此の通りをどんどん先へ行つた所だらうと思ひますとか, いや確か此の裏あたりで表札を見掛けた樣な氣がするとかなんとか, そんな事ばつかり云つてゐる。此の通りをどんどん先へ行くツたつて,

さうどんどん先へ行つて堪つたもんぢやない。

　つまりふざけてゐるんだ。眞面目に聞いてゐると飛んだ迷惑をしちまふ。

　□□　Geschichtliches　Verstehen と云ふのも結局は此の問題である。何千年か前に流行つた宗教や，何百年か前に流行つた藝術や，何千里か向ふの方にある國の思想を，人は『わからう』とする。何故わからうとするかと云へば，それは『わかる可き筈のものだ』と云ふ事をキヤベツの奧から漠然と知つてゐるからである。また現に盛んに『わかる，わかる』と云つて獨りでうなづいてゐる學者が澤山ある。

　斯う云ふ風に云ふと甚だ滑稽に聞こえるかも知れないが，Ethos と個性との關係をよく考へて見ると云ふと，『わかる，わかる』と云つて獨りで點頭いてゐるのが凡て間違ひであるとは必ずしも斷言できない。前にも云つた通り，我々の自我と云ふ奴はまるでキヤベツか玉葱のやうに，剝いても剝いてもいくらでも中に皮のある Ethos だらけの怪物なのであるから，自分で自分の皮を一枚剝くんだつてコレデ相當骨が折れることは折れるが，暇があつたらやつて見給へ，大正何年何月何日に東北の何處とかの村に生れた吾人の玉葱の中にも，丹念に剝いて行くと，驚く忽れ，萬葉集時代の Ethos は申すに及ばず，ピラミツドを積んだ古代エヂプト人の生活感情（Ethos!）から，人間さへ見れば豚カツ（人間の豚カツてのは無いけど）にして食つしまてひたくなる食人種根性から，釋迦が捉へた古代印度人の Ethos から，耶蘇が一旗あげた資本たる當時の世の Ethos から，さては一時に集ると云つて置きながら二時間遲れて悠々としてやつて來てそして洒々として斷はり一つ言はない『氣の知れない』男の知れない氣までがすつかり知れるやうな瓜二つの寸分違はぬ Ethos が，我が心のずつと中心の方に，よく剝いて見ると，えらい所に下積みになつてちやんと一枚，素知らぬ顔をして頤

を撫でながら這入つてゐたなんて事が稀ではない。

　勿論あわてて探したつてそんな物は出て來やしない。あわてて探せば高々中がごつた返しになる位のもので，肝心のポケットを放つといて，同じポケットを二度探して，そして『無い，無い』と云つて怒つてれば世話は無い。昔のものはどうせわからん，餘所の國のものはどうせわからん，と云ふのはつまり此の類である。それでエライ客觀的な科學のつもりでゐるとすれば，それもそれで結構だが，Geschichte といふものは，精神科學としての Geschichte といふものは，そんな博物學みたいなものではない。もつと精神修養みたいなものである。もつとキヤベツの皮を自瀆的にむくやうなものである。

　それはさうだらう，自分自身の中に見つからなかつたものが圖書館や博物館の中に見つかるわけがない。自己を諦視して内層を見わけるだけの修養の出來てゐないものが歴史を研究するのは，（歴史といふのは廣い意味）それは宛も人相書を持たずに犯人を探しに行くやうなものだ。顏見知りのない男と何人遭つたつて尋ね人は捕まらない。電車の中でお向ひに坐つて一時間顏を見てゐたつて駄目だ。だいいち誰を捕まへるのかよく聞きもせずに遽てて家を飛び出して來たやうな精神科學も無いではない。

　要するに，哲學とか，文學とか，社會學とか，藝術とか，宗教とか，その他精神に關する分野はすべて夫子自身の『精神修養』である。佛教とは何ぞや，ドイツの觀念哲學とは何ぞや，萬葉集の精神は何ぞや，と云つたつて，やたらに本をあけて讀むばかりが能ではない。本をあけて讀むのは，自分自身の玉葱を苦心して一枚一枚むくための一つの手段に過ぎないのである。深夜に床の上に坐り直して，まるで子供がお臍をいぢくるやうに，自分で自分の玉葱をむくと云ふ事は出來ないから，已むを得ず本といふものを讀み，世界といふものを見るに過ぎないの

である。

　　🏁　名探偵の想像がピツタリ的中して，名探偵自身が驚いて開いた口が塞がらなかつたなんて話がよくある樣だが，かう云ふ場合には大抵，犯人が行動した際の Ethos と寸分違はぬ Ethos が探偵の良心の一隅に發掘されて，探偵がそれから出立して自分の事の樣に考へて見た揚句の結論である。よく『こんな事は常識ぢやあ考へられない』と云ふ事を云ふが，或種の逆な意味に於て之れは本當で，勿論そんな事は常識ぢやあ考へられない，それはあんたの努力が足りないのであつて，一ぺんあんたの一枚看板 Ethos を外して『非常識に』物を考へて見たら『考へられない』筈はない。考へられる癖に，看板の手前，強ひて頰かぶりして『考へられない』と云ふとすれば，これはまた問題が別になつて來るが……

　Ethos と云ふものの，殆んど手で握れるほど彫塑的な存在は，己れを省み，世を眺め，人を觀察し，更にまた己が內心の底流を打診すればするほどはつきりして來るものである。三千世界は我が心に在り，大なるかな心や，天の高きは極む可からず，心は天の上に出づ，地の深きは測る可からず，心は地の下に出づ，日月の光は踰ゆ可からず，心は日月光明の表に出づ，大千沙海(ママ)は窮ふ(ママ)可からず，心は大千沙海(ママ)の外に出づ，大虛，元氣(ママ)，心は大虛を包み元氣を孕む，天地我を待つて覆載し，日月我を待つて運行し，四時我を待つて變化し，萬物我を待つて發生す，大なる哉心や……などと云ふとコイツ到頭どうかしちまひやがつたと云ふ人があるかも知れないが，斯う云ふ豪語は一旦 Ethos と云ふ範疇を立ててしまつた人間學を鞭打つ爲めにはやはり必要である。戰場 Ethos に軍歌と云ふものがある以上，人間學にも學歌と云ふものが無くてはならない。

　またさう云ふ風にして人間界の事を研究すると云ふ其の事が取りも直さず一轉して己れ自身の修養にもなるのである。にも

なるのであるではない，考へて見れば本當はどつちが主だかわからん所に學問の人間に對するAufgabe，人間の學問に對するAufgabeがあるのである。

てめえ自身の料簡がちつとも變つて來ねえ様な學問，變へなくても結構間に合つてゐる様な學問，そんな學問はつまらねえ學問である。樂な學問をしようとしては不可ない。少くとも學問といふものの定義は，學問と精神修養とを混同してゐた二三百年前のやうな認識不足にもう一度立ち歸る必要がある。卽ちもろもろのEthosの研究にかかるためには，まづ茲に一つの新たなEthosに歸依する必要があるのである。これも一つの面白いEthosぢやありませんか。

獨學とは何ぞや？

獨學とは何ぞや？

關 口 存 男

序　言

　講座などで，ドイツ語の初歩は『よくわかつた』が，さて此の調子でもつて『よくわかり』ながら高級程度にまでも進み得るやうな『便利な』本があるかとか，さう云ふ便利な本を私が書いてゐるかとか，乃至書いてはどうかとか云つた様な私信をだいぶ頂きます。これは一度けつをまくつて啖呵を切る必要がある。そこで一つ啖呵を切らせて頂く事に致します。

　以下は，變な角度からさう云ふ問題に觸れた私の私信です。私信だから，事情に於いては多少わからぬ所もありませうが，眼光紙背に徹する讀者には何もくだらぬ申し譯は要りますまい，生の儘で以下に揭げます。その代り文章は少しめつちやくちやですよ。

　拜復冠省，ちよつと御質問の要旨にお答へします。

　指導者がないと云ふ事がそんなに大問題でせうか？　ドイツ語は第一指導者などを要するものでせうか？　講座が第一あまりに指導しすぎると云ふ事をお感じになりませんか？　一を聞いて十を知つてすらなかなか思ふ所へは行けない勉學の世界に於て，何時までも相變らず十を聞い(ママ)一しか知れない樣な方法（これを稱して日本語では『人に物を教はる』と云ひます）を取つてゐた日にはどうなるでせう？

　指導者は果して**全然**無いでせうか？　世の中に『辭書』といふものが存在すると云ふ事をお聞きになつた事はありませんか？　あなたのお所は新潟縣らしいですが，新潟縣ではまだ『辭書』といふものの存在が知られてゐませんか？

云ひ方が少し皮肉かも知れませんが，失禮の點はお許し下さい。

　と云ふのは，あなたのお手紙を拜見して，獨學の苦勞を云々され，良い指導書が無いといふ事を繰返し繰返しお喞ちになつてゐるのを承はると，私は先づ二つの點を不思議に思ひます，それは：

　1．辭書と云ふものがある事を御存じないのでせうか？

　2．辭書の丁度他半を補ふに持つて來いの『腦味噌』と云ふものが幾グラムづつか各自に配給されてゐると云ふ事をまだ御存じなかつたのでせうか？

　此の二點です。もし此の二つが無いとしたならばなるほどあなたの御悲嘆はもつともな次第で，私も日本のドイツ語界に對して多少の責任を感じます。もし此の二つが有るとしたら問題はすつかりちがつて來ますよ。

　日本にどんな良教師がゐるかは存じませんが，私の見たところ，其の邊のやくざな三文辭書に少しでも優つた教師は一人も居ません。また居る筈がありません。あなたを指導すると云ふ點では，世界一の大先生だつて，問題だらけの辭書の足下にも寄りつけません。これが最後の事實です。そしてこれ以上の事實は無いのです。

　間違ひだらけの辭書におつきなさい。良書や良教師に就いてはいけません。良書は良なるが故に就くべからず，良教師は良なるが故に就く可からず，然り而して惡辭書は惡なるが故に依つて以て就く可しです。

　あなたは，獨學は樂ではないと仰言る。なるほど其の通りです。樂ではない。決して樂ではない。學校で教はるのも獨學ほどに『樂で無い』のだつたらどんなにか好いでせう！　ところが殘念な事には，學校で教はるのは非常に樂なのです。骨も何も折れない。頭などに至つては絶對に使はない。實にいやにな

つちやふほど親切な先生が澤山ゐて，親切な餘計な事を澤山云つて吳れる。折角高い月謝を出して頭を働かせる練習をしようと思つて這入つた學校が，校門を潛るや否や忽ちにして態度一變，所謂る『說明』なる殺菌劑を以て，頭を働かせない樣に働かせない樣にと，吾人の思考力の萠芽を消毒殲滅してしまふのです。靑少年に對して，一たい何の怨みがあつて斯う云ふ計畫的な彈壓を加へるかと云ふ事は，私も一寸疑問に思つてゐますが，善意に解釋するならば，或ひは狙ひ所が多少敵本的なのかも知れません。卽ち，生れ落ちた仔を千仭の絕壁から突き落とす獅子の如くに，幾千萬の子弟の頭腦を一應彈壓・毒殺・刈除して見て，それでもまだ活動を止めずに働き出すやうなのがゐれば，こいつは本當に旺盛な頭腦に相違ないから，そんなのを發見しようとしてゐるのではないでせうか？──現に，學校で『親切な』敎育を受けたにも拘らず猶ほ且つ頭腦が其の機能を停止せず否むしろ反動的に大いに活動を開始し，學校へ行つた爲めに反つて獨學獨行の契機を得て成功してゐる人も多いやうです。して見ると學校と云ふ制度や親切に敎へると云ふ敎育方針などにも一理はあるのかも知れません。

けれども，さうした效果は，よほど素質の好い人でないと得られません。あなたはどれ位偉い人か存じませんが，さうした千人に一人しか無い樣な天才だと御自分でお思ひですか？　獨學を危ぶみ，良指導を求められる所を以て見ると，私にはどうも，あなたは少し天才氣取りでゐらつしやるのではないかとしか思へないのです。

ドイツ語の勉強法を申しませうか？　至つて簡單です。まあよく具體的に考へてごらんなさい。與へられた條件は三つです。右にドイツ語の原書がある。左に獨和辭書がある。中央にあなたの『頭』がある。あるでせう？

これ以上あなたは何をお求めになるのです？　Ja, was

wollen Sie mehr? 何が抑々此の外に要るとお思ひになるのです？ 失禮ですが，何か錯覺でもお起しになつてゐるのではありませんか？ 何か昨晩惡い物でも喰べたのですね？

　右手に何か意味のある事の言つてあるむつかしいドイツ語の原書がある。左手に間違ひだらけの辭書がある。中央に不完全な頭腦がある。――これ以上の理想的な條件が世の中にありますか？ ちつとしつかりして下さいよ，全く！ 原書がやさしかつたり，辭書が完全で親切すぎたり，頭が明晰だつたりした日には少々困つた事になるでせうが，幸ひなことには，原書は大抵むつかしい，辭書は大抵不備です，頭は大抵凡庸です。其の點は私が絶對に保證します。――努力の爲めには實に申し分なき條件が完備してゐるではありませんか。これ以上何を望むのです。氣は本當に確かですか？ たとへば『良き指導』とか學校とか說明とか云つたやうなものが其の間へ割り込んで進步を阻止する事をお望みになるのですか？冗談ぢやない！ 私も相當忙がしい身ですから，詰らない笑談を言つて來るのは止して下さい。腹が立ちますよ全く。――生意氣な天才氣取りはお止しなさい。天才氣取りは僕だつてやつた覺えはありますが，あなたの樣な極端な氣取り方はしなかつた。原書と辭書と自分の頭とだけでも相當骨が折れました。それ以上，人に物を敎はつたり，手を引かれたり，尻を押されたり，睪丸を握られたりしてゐる餘裕があるものですか！

　學校へ行く者からすら月に相當の月謝を取り立てるのだから，條件完備の獨學者などは其の三倍位の月謝を徵しなくては天下の學生に對して申し譯がない譯ではありますまいか。月謝も拂はずにゐて，おまけに不遇を唧つなんて……人間も實につけ上らうと思へばつけ上れるものですな。增上慢とは正に此の事です。增上慢はあなたの樣な特權階級の道樂です。道樂は一人でこつそりなさるが好い。非特權階級にわざわざ見せつける必

要はないでせう。──私も實はあなたの樣な特權階級の出身です。だから，學校でドイツ語を學んでゐる人達に對しては，政策上からも禮儀作法の上からも，なる可くさうした所を隱すやうに隱すやうにしてゐます。白眼視されては實際的に都合の惡い事が多いからです。けれども，あなたの樣な，同じ特權階級に屬する人に對してはマア此の手紙のやうな正直な事が云へるわけです。けれどもあんまり大きな聲では云へません。大きな聲で云ふと追々世上で問題になります。問題になると，或ひは特權を享有してゐるのは怪しからんと云ふ事になるかも知れない。日本中で，學校へ行つてゐる人の數はどれだけあるか知りませんが，それらの呪はれた不遇の人たちが結束して我々の特權を云々し始めた日には，相當厄介なことになりますよ。こゝはお互ひの暗默裡の諒解で，あんまりお互ひの事を大きな聲で云ふのは止さうではありませんか。殊にあなたのやうに，好條件に甘えて，遂には不平まで洩らすやうな事になると，これはまるで非特權階級を嘲笑するかの如き感じを與へますから，これだけは實際止して下さい。好條件の完備を喜ぶだけでも響く方面へは相當銳く響くのですから。

　少々云ひ過ぎたかも知れませんが，どうせ冗談半分のお手紙らしいから，こちらも思ひ切つてやり返したわけです。大變失禮致しました。お大事に。
　　　　　　　　　　　　　　　　　　　　關口存男拜

隨筆

『科學する心』

随筆
『科學する心』

關 口 存 男

　🀆　『科學する心』とは何か？　人がかう云ふ言葉を使ふのを聞いたら，何を此のおたんちんのへちやむくれめ，きざな事を云ひなさんなと云つて，頭をつかまへてぐるぐると揉み廻はしてやりたい所だが，筆の都合でつい自分の方から飛び出してしまつた以上は，まあ，あんまり大きな事は云へない，In Gottes Namen soll es also dabei bleiben!

　🀆　ことほど左様にキザな，コマッチヤクれた，ませた，お節介な，仔細ありげに構へた，お上品に取りすました，乙に氣取つた，蟲づの走るやうな言葉ではあります，此の『科學する心』と云ふ奴は！　然し……まあそんな神經質な事を云つたところで仕様がない。まあ科學する心でも好いぢやありませんか。

　🀆　その科學する心がです。或日のこと，科學する心の子を呼んで申しますには：『豐葦原の瑞穂の國は今盛んに科學する心科學する心と云つて喧ましく騒いでゐる國である。おまへ暇なら一寸往つて何か惡戯でもして來てはどうだ』──『ぢやあ，とつちやん，ちよつと往つて來るよ』と云つて，科學する心の子はひよいと翼をひろげ乍ら下界をさして一目散，やがて着陸したのが伊豆の國は修善寺と云ふ有名な溫泉場,『お土產物』といふ金看板のすぐ下のところで二三度ころころ轉んだかと思ふと，忽ち例のよくある寄木細工の智慧の輪とか智慧の球とかいふ奴に早變りして，ツルツと撫で廻したやうな何喰はぬ圓い

顔をして店先に並んでしまつたのです。

　　かかる謀略ありとは露知らず，折しも店から店へと冷やかしながら何氣なく其の前を通りかかつたのが斯く申す此の拙者で，五十錢なら子供の土産に丁度好いと思つて買つて宿へ歸つたが，寢るにしては少し早すぎるので，そいつを捻り廻してゐると，どうやらバラバラに分解は出來た。ところが出來なかつたのが組み立てです。

　　『こいつは落第だ！』と云ひながら，あつさり兜を脱いで一風呂浴びて部屋へ歸つて來ると，同じく此のBetriebsausflugの一行に加はつてゐた獨語文化の大野編輯長が，これはまた何と一種悲壯な姿勢をして端然と正坐した儘薄暗い電燈の下で背中をこちらに向けてゐるから，誰かの遺骨でも着いたのか，それとも今日は何か默禱の日なのかと思つてソーツと横へ廻つて見ると，さうではない，例の智慧の球だ。見れば顔面蒼白，皆は裂け，眼球は飛び出し，唇は固く一文字に結び，顳顬のあたりにはみみづの樣な青筋がぴくりぴくりと脈打つてゐる。これは不可ん，助けるなら今のうちだ，と思つて『編輯長！　どうしたツ！』と聲を掛けたが，應と幽かに返事があつたのみで，依然として智慧の球をハツタと睨んだ儘，其の後數時間といふものは沓（ママ）として消息を斷ち，呼べども搖れども動かばこそ，人事不省，全身不隨，恍惚奪魂，無念無想，音信不通，交通遮斷，通話杜絕，南無阿彌陀佛の狀態に陷入つてしまつた！

　　惡い物を買つたと思つて後悔したが，もはやどうにもならない。折角都塵を洗はうと思つて遙々此の伊豆界隈まで出掛けて來たのに，一行の中に一人斯う云ふ風な男が出來てし

まふと，いや面白くない事面白くない事......こいつは取り上げるに如かず，と思つて，それとなく機會を狙つてゐると，大野編輯長遂に『フーン』と溜息を吐いて煙草に火をつけたから，此の機を外さず『どうです，お湯にでも這入つて來ては......』と云つて見たら，『さうですな，さうしたら一寸氣分でも變つて.........』と云つて倉皇として手拭ひを肩に引つ掛けて下へ降りて行つた。氣分を換へて又改めてひねくり廻された日にはやり切れないから，私は素速くその球を手下げ袋の中へ投り込んでしまつた。

　□□　それから暫く經つて，殆んど球の事を忘れた頃，私が着換へをしてゐると，襖一つ距てた隣の部屋で，『關口先生の手下げはどれかな......？』『これだらう？』『はてな......』と云つたやうな話し聲が聞こえる。私は思はず吹き出してしまつたが，吹き出しながらも內心ゾツとした。

　□□　けれども，吹き出す氣にすらなれなかつたのが，歸りの汽車の中です。ひよつとしたらこんな事にでもなりはしないかと，ちよつと蟲が知らせたので，隨分注意して手下げの奧深く藏ひ込んで來たつもりだつたのに，沼津を發車すると同時に，ふと顏を上げると，南無三寶，前にゐた佐藤さんと云ふのが，少し恥かしさうな顏をしながら，また例の憎らしい球をポケットからひよつこり出して來た時には全く以て何と云つて好いかわからない程情ない氣持がした。既に宿屋を出る時にちよつと心配になつたから，わざと座敷に置き忘れて立たうとすると，女中の馬鹿野郎が後から持つて追つ掛けて來たのが抑々不吉の前兆だつたので，......こつちを介抱してゐると又あつちが白眼をむくと云つたやうな，まるで病人を預かつた附添人みたいな旅行はもう本當にうんざりしたから，せめて歸りの汽車の

中だけでものんびりしようと思つて，その爲めにわざわざ細心の注意を拂つて，最惡の事態だけは之れで先づどうやら防止し得たと思つてすつかり安心してゐると，汽車が動き出した途端に此の始末だ！——しかも欣然として佐藤さんの曰く：『東京までは三時間もあるです！』——さうだ，まつたく東京までは三時間もあるです……。

　田　誤解の無いやうに一寸斷はつて置きますが，此の人達は，私が今まで交際つたところでは精神には別に異狀は無い，會へば人並みに挨拶もするし，場合によつては減らず口の一つも叩く，また人に笑談を云はれて怒つたと云ふ話も聞かない。ところが，一たび例の圓い小さな惡魔を膝の上に置いてひねくり始めたが最後……まあ穩便に云つて常人ではなくなつてしまふ。はれ物に觸るやうにソーツとして置くより仕方がない。おつかなくて笑談も云へない。まるで大病人のある家へ行つたやうなもので，咳拂ひ一つするにも先づ顔色を見てからと云ふことになる。急にあたりが冷やりとして，部屋に懸けてある晴雨計がスーツと二三度降る。襖や障子が引つかかつて開け立て(ママ)が困難になる所を以て見ると，部屋の寸法も幾分か縮むのではないかと思ひます。

　田　私は別に之れを以て直ちに『科學する心』だと主張する者ではありません。だから最初にわざわざ科學する心の『子』だと斷はつておきました。けれども，人間に斯うした一面があるといふことは却々面白い。科學する心とは何ぞやと云ふ事を論ぜんがためには，まづ人性の斯うした方面に深き關心を寄せる必要があります。

　田　そこで私は更にもう一度改めて問ひたい：科學する心とは何ぞや？

🈀　まづ此の『科學する心』といふのをドイツ語で云ふとしたら何と云ふかです。Das wissenschaftelnde Herz......？　なるほど『科學する』といふ動詞は，『科學』（Wissenschaft）といふ名詞から直接且つ端的に捏造した動詞であつて，その意味に於て之れは所謂 Denominativum（名詞から轉來した動詞），即ち本誌の文法講座に於て數號前（今月はちよつと怠慢してゐますが）から取扱つた奴の最も典型的なものであり，Wissenschaft から直ぐに動詞を造るとすれば，まづ wissenschafteln が一番自然ではありませう。然し（昨年十一月號 45 頁參照！）此の -eln と云ふ語尾には，たとへば andächteln（敬虔ぶる，有難屋めかす）とか vernünfteln（いやに分別のあるやうな屁理窟をこねる，生半可な理窟を考へ出す）とかに現れてゐるやうな，『生半可なことをやる』と云ふ色彩が附きまとひます。――其の意味に於て結局當今の『科學する心』と云ふ奴を das wissenschaftelnde Herz と譯するのは丁度適當ぢやないか，と云ふ人があるかも知れないが、さうまあ頭つからまぜつ返しちやあいけません。――だいいち Herz なんて事はドイツ語ではこんな時には云はない。

　　🈀　まあ der forschende Geist とか Die Liebe zur Wissenschaft とか何とか云つた方が手つ取り早くわかるでせう。然し私は本當は der forschende Trieb とか何とか云つて，『心』を Trieb を以て譯したい。

　　🈀　Trieb とは何かと云ふに，これは Was einen zu etwas treibt であつて，吾人が欲すると欲せざるとに拘らず，吾人を驅り立て煽り立て急き立てどやし立て攪り立てて已まざる何物かでなければならない。Ich treibe Wissenschaft なんての

随筆『科學する心』

は,『僕は科學をやつてゐます』といふ奴で,僕が科學なんかやるから碌な眞似は出來やしない。科學が僕をやるのでなければ本物ではない。Die Wissenschaft treibt mich 或ひは Es treibt mich zur Wissenschaft でなければならない筈です。Es とは何かと云ふに、これが卽ち文法の方で所謂非人稱主語（Unpersönliches Subjekt），心理學の方で所謂超個人的主體（Überperönliches Subjekt）です。なんだか名稱の詮議みたいになつて面白くないが、これを云はないと論旨が捗らないから,しばらく辛抱して下さい。

田田 unpersönlich と überpersönlich とは,un- と über- との相異ですが,共に同じことを云はうとしてゐる。然し,私がこれから云はうとする方向から考へると,實は un- も über- も氣に入らない。un- は單に persönlich を否定しただけで,積極的には何も云はんとする所がないから氣に入らない。über- は,いやに神秘化して祭り上げたやうな,高尚な上品なものに見立てようとする意圖が表れてゐるために氣に入らない。科學本能といふものは,そんな神秘な,上品な,高尚なものではない。「科學する心」なんて云ふお上品にすまし込んだ流行語ではどうもぴつたり來ないと云ふ所以も亦茲にあります――私はむしろ unterpersönlich といふ形容詞を以て呼びたいと思ひます。吾人の中にあつて本當に逞ましく科學する所のものは,何か斯う或種の etwas Unterpersönliches（人格下の或物）でなければならないと思ふのです。

田田 人格下の或物とは何か？ それは既に『下』で以て示されてある通り,どうせさう高尚な,品の好いものではない。たとへば,たとへお釋迦樣でも孔子さまでも,おならが出る時には出たに相違ない。おならは人格下の或物です。別にお釋迦樣

175

のおならだからと云つて特に諸行無常寂滅爲樂の響きがあつたわけのものでもない。孔子様のおならだつて矢張り同様で，おならに二つはないから，たとへどんな偉さうな事を仰言つたつて，おならとなれば矢張り斯う漢和辭典にも何にも出てゐないやうなおならをなすつたに相違ない。——また，我々にしても同様で，裸になつて見ればわかる通り，みんな前のところに一つづつ貴重品をぶら下げてゐる。此の貴重品は，我々自身の人格とは少々指揮系統を異にしてゐて，たとへ錢湯へ出掛けた時と雖も揭示の文句通りに番臺へ預けるわけには行かないほど密接に吾人自身の一部を成してゐるにも拘らず，謂はば吾人の人格の威令が充分に行はれない治外法權地區のやうなもので，つまり unterpersönlich なものの最も猛烈な奴です。——然らば unterpersönlich といふのは凡て肉體から直接に發するものばかりかと云ふに，必ずしもさうではない。頭腦の働きの根本を成す若干の Triebe にも亦 unterpersönlich なものがある。子を守る母の本能，悔辱されたら復讐しようとする熾烈な本能，その他生きんとする盲目的な Drang がすべて unterpersönlich な何物かです。

　　かう云ふ風に云つて來て初めて私の云はんとする『科學する心』なるものの方向がはつきりし始めます。卽ち，科學する心といふのは，吾人の意識的な人格から發するやうな生やさしい物では駄目だと云ふのです。『駄目だ』と云ふと，何か斯う『要求』のやうに聞こえるかも知れませんが，別に要求でも理想でもない，我々みんなが既に熾烈に持つてゐる物をはつきりと指摘しようとするに過ぎません。——我々はそんなものを持つてゐるでせうか？　私は敢て云ひませう：我々はそんなものを持つてゐます！

随筆『科學する心』

　　🀫　持つてゐるが，ただ解放しようと思はないだけの話です。解放した日には，人格の日常生活にあつちこつち變な差しつかへが生ずるから，それら凡てを見越して，無意識裡に或種の統制を加へてゐるきりなのです。一個人の人格と云ふ奴は，現實生活に善處せんがためとは云へ，早きは十四五歳の頃から，晩くても三十歳位を期として，實に卑怯なほどませて，コマツチヤクれてしまふものですからな。

　　🀫　而も其のませた，コマツチヤクれた統制が第二の天性となつてゐるから始末にいけない。たとへば寝小便をしないと云ふ習慣もさうした第二の天性から來てゐる。寝小便と云ふ奴は，赤ん坊はみんな平氣でやつてゐるから，これはやる方が自然なので，やらない方が人爲的な習慣に違ひない。お尻をぶたれたり，お灸を据えられたりしてゐるうちに，段々と統制が徹底して來て，やつとの事でしなくなるものなのです。小便が一杯溜つて辛抱し切れなくなつたために眼が覺めたやうな時には，われながら感心することがあるが，實際長い年月のうちに仕込まれたこととは云へ，實によくも我慢したものだと思ふ。――寝小便の我慢は大變結構な話で，こいつをさう矢鱈とシヤアシヤアやつた日には，吾人の日常生活は滅茶苦茶になるでせう。寝小便ばかりではない，それ以外の凡ゆる unterpersönlich なものに就ても凡て同じ事が云へるでせう。けれども，それらと同じ様に，吾人の中に動いてゐる『究明本能』といふ奴までも，やはり同じ様な無意識的統制力によつて體よく抑へつけられてゐることを思へば，人格と云ふ奴は必ずしも好い事ばかりはやつてゐないと云ふ事がわかります。中心の取れた，ませた，現實主義的な『人格』といふ奴は，これは抑々人間が此のせちからい日常社會といふものを宜しく切り抜けて行かんがための『幹事』みたいな役目のものであつて，幹事はとにかく尻を出

さないやうに取りしまるといふだけの消極的な頭しかないから,寝小便を取り締まると同じ様に科學本能をも取り締る。そして人間が三十歳四十歳になつて立派に安定の取れた俗物に仕立て上がつてしまふと云ふと,それで幹事は立派に職責を果したわけで——もし途中で究明本能などが暴れ出して,人格の釣合が取れなくなつて,その人間が狂になつたり天才になつたりなどした日には,幹事としては申しわけが立たなくなるわけです。如何となれば,『人格』と云ふ幹事のAufgabeは,あくまでも『規格的世間人』を造り上げることでありますから,規格から外れると云ふ點では,狂人も天才も大した區別のある筈がありません。

　　それに一たい『意識された範圍に於ける人格』から發する行動ほど微弱なものはありません。一生懸命に考へなくちやあ駄目だから一生懸命に考へよう,などと思つて一生懸命に考へ込んだところで到底一生懸命に考へられるものではない。『一生懸命』といふ奴の依つて以て發する所以のものはそんなものではないのです。一生懸命と云ふ奴は,出る所から出せば,たとへ出まいと思つたつて出る。出ない所から出さうとすれば,いくらきばつたつて出やしない。科學する心もそれです。出ない所から出さうつたつて,それは無理です。出る所から出せばいくらでも出ます。然らば,その『出る所』とは何處か？——科學する心と云ふとなんだか大層上品な微妙なもののやうに聞こえるから,人はややともすれば,何か斯うえらい高遠なところから出るやうに考へる傾向があるが,私はさうは思はない。矢つ張りおならが出たり寝小便が出たりするのと大體同じ様な孔から出るのぢやないかと思ふ。Etwas Unterpersönlichesだと解釋する所以も亦茲にあります。

随筆『科學する心』

🔲 出るのが自然であつて，出ないところに無理がある——此の點をよく嚙みしめて考へて頂きたい。科學する心も寢小便する心も，本當は物凄い勢で出たがつてゐるのだが，それを本能的に無意識裡に我慢して出させない所の何者かが吾人の中にある。その何者かとは何者かと云へば，それが卽ち吾人の中なる『常識』，又の名を『俗物』といふ奴です。此の俗物と云ふ奴は挺子でも動かぬほど釣合ひが取れてゐやがつて，福德圓滿，品行方正，溫厚篤實，いはいや實に箸にも棒にも掛からない大馬鹿野郎です。前をめくつて睾丸を出して見ろ，と云つたつて，『恥かしいから厭だ』と云ふ。『寢小便して見ろ』と云つたつて，『お母さんに叱られるから厭だ』と云ふ。『科學しろ！』と云つたつて，『そんな事をしたら天才になるから厭だ』と云ふ。何をするのも厭で，ただ寢小便が出なかつたり天才になれなかつたりするのだけが好きだと見える。

🔲 科學ばかりではありません，たとへ寢小便をするにも偉い人になるにも，吾人は先づ此の吾人身中の『常人』と鬪はなければなりません。然り而して此の『常人』の統制下にあつて『常識』の下積みになつてゐる unterpersönlich なる或物を思ひ切つて解放する事が必要です！

🔲 そしたら其の或物が野に放たれた猛虎の如くに暴れ出す！——暴れ出してはいけませんかね？　いけなければ止して置くが好い。その代り科學する心のなんのと云ふのも止したが好い。

🔲 外米に少し重曹を混ぜて焚くとまるで內地米のやうにお旨しく頂けます，わたしこれでもなかな(ママ)科學致してをりますのよ，オホホホホ……なんて，こんなのを科學する心だと

179

思ふ人もまさか無いでせうが，多少はみんなさう云ふ風に考へる傾向がありはしないでせうか？

□□　科學する心とは，物事を根本的に考へようとする傾向ではありません。考へようつたつて考はるものですか。科學する心とは，物事を根本的に考へる『病氣』であります！　健全なる常識を以てしては，罹らうにも罹らう樣のない病氣であります。精神狀態を正常に維持し，食べた物が消化されて圓滑に排泄されて行く快感に心行くばかり浸りながら，片手に新聞をひろげて讀み，殘つた片手で一寸科學をしようつたつて，……それはちよつと無理な話です。

□□　本當に科學するには，先づ，あつちやこつちに，ちよいちよい義理を缺く必要がある。あつちで變に思はれたり，こつちで問題を惹き起したり，家賃が拂へなかつたり，袋叩きにされたり，下駄の鼻緒が切れたり，汽車の時間に間に合はなかつたりすることが先決條件です。まだまだもつと甚い事もあるかも知れない。どなた樣にもちつとも變に思はれないで科學しようなどと云ふ，そんな旨い話は無い。汽車の時間にも間に合ひ，下駄の鼻緒も切れなかつた樣な學問なら，それはどうせ何か斯う何處となく汽車の時間に間に合つたやうな，下駄の鼻緒も切れなかつたやうな學問であるに違ひない。

□□　では科學する心と時局とはどんな關係あるのだ，と問ふ人があるかも知れません。私は簡單に答へませう：『何の關係もない』と。何か關係があるやうに云ふのは馬鹿野郎に限ります。關係なんか何もありやしない。さういふ風に考へるから話が段々馬鹿々々しくなるのです。

🔲 科學と知育の國家に於ける，それ猶ほ火藥庫の軍艦に於けるが如し。火藥庫はそれ自體としては軍艦にとつて最大の危險物ですらあります。では軍艦に火藥庫は無い方が安心か？

🔲 否，ある方が安心なのであります！（終り）

隨想

隨 想

關口存男

  福澤諭吉翁は，何か書いて世間に發表する時には，念のために家の女中に向つて先づ讀んで聞かせ，女中にわからない所があると，わかるまで書き直したと云ふ。古くはフランスの劇作家 Molière に關しても，ちようどそれと同じ話が傳はつてゐる。

  かう云ふ話を聞くと，すぐ『大衆向き』とか『素人相手』とか言つたやうな方面のみを考へる人が多いやうだが，それが卽ち素人考へであり，それが卽ち大衆の淺間しさである。福澤翁の逸話，Molière の傳說には，さうした誰もが一寸膝を打つて『ははあ』と考へるやうな考へよりも以上に，更に更に深く考へさせられる重要な Moment が潛んでゐるのを見逃がしてはならない。

  私一個の，極く貧弱な體驗を以て察するに，凡そ最も素晴らしい，重要且つ決定的なる專門的躍進の契機は，大抵誰か人に向つて喋舌つてゐる最中に摑むのではないかと思はれる。それも，その相手といふのが，あんまりこちらの話がよくわかる人間であつては不可ない。なかなか急にわかつて吳れない種類の人間の方が好いやうである。

  簡單に專門的な事を云つても急にさうかと解つてくれない人間，さういふ人間に向つて「專門の立場からはわかり切つた」或種の事柄を一生懸命に說明してゐると，汗も流れる，言葉も亂れる，考へも混線する，どう云つたら好いかわからなくなる，遂には「專門の立場からはわかり切つたこと」と思つてゐた事柄が，「專門の立場からも案外わかり切つてゐなかつ

た」ことに氣がつく。

　□□　こいつは不可ん！　と思つて，相手の顔と最後の難問とを睨み合はせながら，一世一代の智惠をしぼつて，今日只今此の場でそれを一擧に解決してしまはうとする。あたりまへなら『これは大變な問題だから，まあ一寸ゆつくり腰を据えて……』と云ふ所だが，相手は素人だから，そんな事はお構ひなしだ。大先生だと云ふのに，今日はだいぶあはててござる樣だと云つたやうなケロンとした顏をして，片唾を呑んで，一秒二秒の間に最後の斷案を待つてゐる。大先生，今や絕體絕命，死生浮沈の關頭に立つたわけである。

　□□　書齋や研究室にゐてはかうした浮沈の關頭には絕對に立たない。關頭はちよつと小さな赤い疑問符を頂戴したきりで抽斗の奧へ引込んでしまふ。烟草一本吸へば大體『浮ばれる』やうに出來てゐるから始末に惡い。

　□□　ところが素人は絕對に浮ばせてくれない。女中は金輪際勘辨しない。茲に於てか，今はの際の四苦八苦，斷末魔の七顚八倒，五臟六腑のでんぐら返りが，或種のちよつとした加減で神來の名案となり天與の靈感となるのである。其の間，實に一髪を挾まず，過失とや云はん，天佑とや云はん，ほつと安堵の胸を撫でおろさうにも自分の手が何處へ行つたか急にはちよつと見つからない位茫然たる好い氣持である。

　□□　茲に於てか知る，靈感も是れ亦或種の Energieumsatz であつて，熱のエネルギーが過つて轉じて以て光のエネルギーと變るのである事を！

たけくらべ

たけくらべ

關口　存男

　□□　爺が孫を可愛がつたり，先生が弟子に寬大であつたり，上官が部下に對して溫情を示したり，親方が兒分の過失を恕したりするのは，なるほど美しい心情には違ひないが，しかし別にさう取り立てて云ふほどの偉い事ではない。少くとも，別に改めて奬勵するほどの事もなささうだ。

　□□　なぜと云ふに，別に改めて奬勵しなくても，爺は孫を可愛がり，先生は弟子に寬大であり，上官は部下に對して溫情を示し，親方は兒分の過失を恕すものだからである。否，大抵の場合，あまりにもだらし無く恕し過ぎるものだからである。

　□□　要するに，人の上に立つ者が下に立つ者の氣持を察して之れを大きく容れてやると云ふ事は言はずして行はれる人情の自然であつて，それは別に人間が大きいからでもなければ，努力と精進の賜でもない。

　□□　それに反して，下に立つものが上に立つ者を大きく抱擁して之を溫く胸に收めてやると云ふ事——たとへば，上司の命令通りに動いてゐる下つ端の我々の各々が，たとへどんな過誤と偶然の犠牲にならうとも，過誤をも偶然をも上司をも天をも地をも海をも山をも，番茶の如くあつさりと呑んで笑つてゐると云ふ事——これは必ずしもどの馬鹿野郎にも出來る仕事ではなささうである。

　□□　『あつさりと呑んで笑つてゐる』と云つたのではまだ表現が充分ではない。それではまだなんだか苦笑ひのやうに聞こえるからである。苦笑ひはまだ本當に心から恕した笑ひではない。本當に心から恕した笑ひには『ゆとり』といふものがある。

『ゆとり』と云ふのはつまり人間の寸法である。

　　□□　寸法と云ふ奴は，久し振りで着て見ると，變な所で詰まつてゐる事もあるから馬鹿に出來ない。平生は『商人』とか『役人』とか『學者』とかばかり着てゐた男が，時の勢で愈々『人間』を着なくちやならない事になると，袖の附け目がプツッと切れたりなどしてボロを出す。丁度好い機會だから，かう云ふ時に『人間の寸法』を多少大きくしておくのもよからう。

　　□□　隣保と職場は，人間の寸法の面白い陳列會でもある。中にはむしろ珍列會に類するものも相當あるかも知れない。どんぐりの背くらべと云ふ勿れ，どんぐりの中にも，よく見てゐると多少大小の差がある。

　　□□　此の『たけくらべ』にも負けるな。日本人の一人一人が此のたけくらべに勝つたならば，日本も亦今回の戰爭に勝つであらう。

五十年の人生に間に合へ！

五十年の人生に間に合へ！

關 口 存 男

□□ 本誌の讀者の中には，學問的野心を有する『研究者』が相當多いと思ふ。何か一仕事して死ななければ死んでも死んだ氣がしないと云ふ人がである。さういふ人でないと此の話はわかつて貰へまい。

□□ 畢世の事業は拙速を尙ぶ。準備期なんてものはない。これをしてからあれなんて暇はない。今日から直ぐ取りかからなければ，明日からではもう遲い。不備のまゝ着手するのが畢世の事業である。凡ゆる偉大なる仕事はすべて不備のまゝ着手されたのである。不備のまゝ着手したればこそ五十年の人生に間に合つたのである。不備のまゝ着手し，不備のまゝやりまくり，不備のまゝ強行し，不備のまゝ持ちこたへ，不備のまゝ押し通し，不備のまゝ勝ち貫いた結果──これを稱して『よくまあ一人でこれだけやれたものだなあ！』と云ふのである。

□□ 『その前にまあ一寸よく勉強して，それから愈々……』なんて研究はない。そんな萬全な研究ならどうせ碌な研究ぢやない。手落なく準備して「おもむろ」に取り掛かつた畢世の著作なんてものは，ちよつと頁をめくれば直ぐ大體感心できる。あとはすぐ紙屑籠に投り込んでも決して後悔しないやうな無難な代物である。天下の大勢に關係はない。時は其の上を土足で踏んで通る。そとれも(ママ)，たとへば私のやうな失禮な男がゐて，國策の線に沿ふて風呂に燃してしまふ。風呂に燃すと，這入り心地はさう惡くない。物にはすべて適所と云ふものがある事がわかる。

□□ たとへば大根を植える。これは相當研究して掛からなけ

れば駄目だ。折角植えても，後で百姓に訊くと時期が違つてゐたなんて事がある。畢生の研究にそんな事はない。必要な勉強なんてものは白髮が生えてから後に周章ててやつて結構間に合ふ。なぜ間に合ふかといふと，それはもうちやんと始める可き事を始めてしまつてゐるからである。始める可き事を始めもしない人間に，必要な勉強なんてものはない。なぜないかといふと，それはほんたうに不必要だからである。實際要らん事だからである。

　□□　焦燥に驅られてゐる，なんてのが最もおかしな狀態である。そもそも焦燥に驅られるなんてのが愈々もう駄目と決まつた證據なのだから，さうなつたらいつそうんと氣を大きく持つて，大乘的見地に飛び上つて，呵々一笑，以て凡ての野心をクシヤクシヤに揉んで紙屑籠に投ず可しである。後は思つたより案外樂な氣持だ。

　□□　本當に着手する人間と，どうせ着手も何もしやしない人間とは，一見して直ぐわかる。どこでわかるかと云ふと，本當に着手する人間は論より證據もうちやんと着手してゐる。どうせ着手しない人間は論より證據まだいまだに着手してゐない。

　□□　Erst beginne, dann besinne! 大根を植えるのは明日でも遲くない。男子一生涯の仕事は今日からでないと間に合はない。

本書は、関口存男著作集より、言語と思想について、哲学、宗教、さらに広く人間そして人生に関する記事を選んで一冊にまとめたものです。タイトルに選んだ「ニイチエと語る」は、ニーチェ、キリスト、釈迦、老子そして本居宣長の会話で構成されています。戯曲の翻訳をし、台本を書き、演出をし、自らも舞台に立った関口存男の本領が発揮された作品といえるでしょう。この他、エッセイも含め全16篇収録。関口存男の新たな一面を発見していただければと思います。

　底本は下記の通りです。本文中には、今日の価値観においては不適切と思われるような語句や表現がありますが、作品発表当時の時代背景、また著者が故人であるという事情に鑑み、発表当時のまま、掲載いたします。

三修社編集部

関口存男著作集　翻訳・創作篇1収録　1994年2月10日刊行
・マルティン・ハイデッゲルと新時代の局面　序・解説
（1932年6月8日　第2版　尚文堂）

関口存男著作集　ドイツ語学篇3収録　1994年2月10日刊行
・Doch とは何ぞや？（『ドイツ語学講話』1979年5月31日　第7版）
・言語に於ける『可能性の濫用』（『ドイツ語学講話』1979年5月31日　第7版）

関口存男著作集　ドイツ語学篇6収録　1994年2月10日刊行
・言は事なり（『独逸語大講座　第3巻』1931年3月15日　初版　外国語研究社）

関口存男著作集　ドイツ語学篇9収録　1994年2月10日刊行
・ことわざ（『改訂標準初等ドイツ語講座』1981年4月1日　第12版）

関口存男著作集　別巻　ドイツ語論集収録　1994年12月1日刊行
・ニイチエと語る（『獨文評論』1935年8月号）
・獨逸文學とわれら（『獨文評論』1937年1月号）
・言語と思想　語學は人を俗物にする（『獨語文化』1938年12月号）
・語學メトーデ論　カチヤツといふ音（『獨語文化』1939年2月号）
・言語と思想　Deutsche Gründlichkeit und deutsche Umständlichkeit（『獨語文化』1939年3月号）
・言語と思想　Differenzierung（『獨語文化』1940年4月号）
・言語と思想　Ethos（『獨語文化』1940年7月号）
・獨學とは何ぞや？（『獨語文化』1941年4月号）
・随筆　『科學する心』（『獨語文化』1942年1月号）
・随想（『獨語文化』1943年2月号）
・たけくらべ（『獨語文化』1943年10月号）
・五十年の人生に間に合へ！（『獨語文化』1944年3月号）

関口存男（せきぐち つぎお）

1894年，兵庫県姫路市生まれ。1915年，陸軍士官学校卒業（第27期）。1919年，上智大学哲学科卒業。上智大学在学中，青山杉作，村田実，木村修吉郎らと劇団「踏路社」を創立。同時期，アテネ・フランセにてフランス語とラテン語の教授を務める。大学卒業後は，外務省大臣官房翻訳課勤務。1933-1944年，法政大学教授。辞職後，1945年まで外務省ドイツ語中等科教官。1945-1948年，長野県西筑摩郡吾妻村妻籠に疎開。日本初の表彰公民館となる妻籠公民館の運動を支え，村の青年たちに演劇指導を行なう。1950年からは，高田外国語学校，慶應外国語学校，慶應義塾大学，早稲田大学などでドイツ語教師として教鞭を執る。『基礎ドイツ語』ほか複数の語学雑誌を主宰，NHKラジオドイツ語講座の講師も務める。1958年，逝去。

主要著書：『冠詞』，他に『ドイツ文法 接続法の詳細』，『中級講話 趣味のドイツ語』，『独作文教程』，『ファオスト抄』（ゲーテ作），『ニーベルンゲン』（ヘッベル作）など，「関口存男著作集」所収。

セレクション関口存男
ニイチエと語る

2019年7月20日　第1刷発行

著　者	関口存男
発行者	前田俊秀
発行所	株式会社三修社

〒150-0001　東京都渋谷区神宮前2-2-22
TEL 03-3405-4511　FAX 03-3405-4522
振替 00190-9-72758
http://www.sanshusha.co.jp/

印刷所	萩原印刷株式会社
製本所	牧製本印刷株式会社

2019 Printed in Japan　ISBN978-4-384-05933-5 C0084
装幀　折原カズヒロ

関口存男著作集（POD）

翻訳・創作篇

1. ファオスト抄［ゲーテ作］
   海に潜る若者［シラー作］
   マルティン・ハイデッゲルと新時代の局面［エゴン・フィエタ著］
   ISBN978-4-384-70119-7 C1398　本体6,000円＋税

2. 阿呆物語（上）［グリンメルスハオゼン作］
   ISBN978-4-384-70120-3 C1398　本体7,000円＋税

3. 阿呆物語（中）［グリンメルスハオゼン作］
   ISBN978-4-384-70121-0 C1398　本体6,000円＋税

4. 阿呆物語（下）［グリンメルスハオゼン作］
   ISBN978-4-384-70122-7 C1398　本体7,000円＋税

5. ミンナ・フォン・バルンヘルム［レッシング作］
   エミリア・ガロッティ［レッシング作］
   抒情挿曲［ハイネ作］
   ISBN978-4-384-70123-4 C1398　本体7,000円＋税

6. 鐵手のゲッツ［ゲーテ作］
   エグモント［ゲーテ作］
   トルクワト・タッソー［ゲーテ作］
   ISBN978-4-384-70124-1 C1398　本体6,000円＋税

7. 年代記録―私の爾余の告白の追補としての日記年記―［ゲーテ作］
   ISBN978-4-384-70125-8 C1398　本体7,000円＋税

8. 盗賊［シラー作］
   ヴァレンシュタイン［シラー作］
   ヴィルヘルム・テル［シラー作］
   ISBN978-4-384-70126-5 C1398　本体8,000円＋税

9. ニーベルンゲン［ヘッベル作］
   ISBN978-4-384-70127-2 C1398　本体6,000円＋税

10. 素人演劇の実際［関口存男作］
    ラ・フォンテーヌの寓話［関口存男翻訳・翻案］
    首相の親友［関口存男作］
    ISBN978-4-384-70128-9 C1398　本体6,000円＋税

ドイツ語学篇

1. ドイツ文法　接続法の詳細
   ISBN978-4-384-70101-2 C1384　本体 6,000 円+税

2. 独作文教程
   ISBN978-4-384-70102-9 C1384　本体 8,000 円+税

3. ドイツ語学講話
   ISBN978-4-384-70103-6 C1384　本体 8,000 円+税

4. 意味形態を中心とするドイツ語前置詞の研究
   和文独訳の実際
   ISBN978-4-384-70104-3 C1384　本体 6,000 円+税

5. 独逸語大講座 (1)(2)
   ISBN978-4-384-70105-0 C1384　本体 6,000 円+税

6. 独逸語大講座 (3)(4)
   ISBN978-4-384-70106-7 C1384　本体 7,000 円+税

7. 独逸語大講座 (5)(6)
   ISBN978-4-384-70107-4 C1384　本体 6,000 円+税

8. 新ドイツ語大講座
   ISBN978-4-384-70108-1 C1384　本体 9,000 円+税

9. 改訂標準　初等ドイツ語講座
   ISBN978-4-384-70109-8 C1384　本体 9,000 円+税

10. 中級講話　趣味のドイツ語
    ISBN978-4-384-70110-4 C1384　本体 6,000 円+税

11. 文法シリーズ 7　ドイツ語冠詞
    文法シリーズ 14　ドイツ語副詞
    和文独訳漫談集
    ドイツ語会話常用句集
    ISBN978-4-384-70111-1 C1384　本体 6,000 円+税

12. やさしいドイツ語
    入門　科学者のドイツ語
    ISBN978-4-384-70112-8 C1384　本体 6,000 円+税

別巻 ドイツ語論集
ISBN978-4-384-70130-2 C1384　本体 10,000 円+税

関口存男の生涯と業績

荒木茂雄・真鍋良一・藤田栄 編／関口存男 著
ISBN978-4-384-70118-0 C0095　本体 9,800 円＋税

関口存男の遺族による想い出の記録から，関口の新旧の知人や門下生らによる追悼文の間に，関口の作品（自作戯曲，自作詩，未発表随筆等）を挿入し，人としての，また学者・芸術家としての関口存男の全貌を明瞭にうつし出します。生前の関口を知らなかった人々にも充分に興味ある読み物となるでしょう。

新版　関口・初等ドイツ語講座　上巻
ISBN978-4-384-00483-0 C1084　本体 2,800 円＋税

新版　関口・初等ドイツ語講座　中巻
ISBN978-4-384-00484-7 C1084　本体 2,800 円＋税

新版　関口・初等ドイツ語講座　下巻
ISBN978-4-384-00485-4 C1084　本体 2,800 円＋税

関口存男著／関口一郎改訂によるドイツ語入門書。本書は単なる文法解説だけでなく，徹底的な「基礎訓練」を目標としています。全3巻を通し，39項の文法解説と21項の読章を2つの軸にして「語と語がどういう結びつきをするか」という一点に主眼を置き，文法の基礎を完全に習熟させます。上巻は「発音」，「第1講 動詞の不定形と人称変化」〜「第8講 dass などの後における定形後置」他で構成されています。

復刻版　関口・新ドイツ語の基礎
ISBN978-4-384-03031-0 C1084　本体 2,200 円＋税

ドイツ語を本格的に学ぼうとする人にとって最適な入門書。説明はすべて英語との緊密な関連のもとで行なわれ，初学者にとって必要と思われる文法事項はすべて網羅されています。独語と英語が対応しているので，どちらの力もついていきます。

Denkt deutsch!
ドイツ式に考えよ。

セレクション関口存男
和文独訳漫談集

関口存男 著
ISBN978-4-384-05932-8 C0084　本体 1,800 円＋税

三修社『関口存男著作集』より、日本語からドイツ語への翻訳に関する、漫談形式の記事を選んで一冊にまとめました。
皮肉屋でクセが強いけれどもユーモアたっぷりの「先生」と、和文独訳の難問にくらいついていく「生徒」たちとの丁々発止のやりとり、「大先生」と「小先生」との会話など、台本のようなセリフ回しで教室での様子を髣髴させる文章は、演劇に造詣の深い著者ならではです。楽しい読み物としての側面もさることながら、外国語で表現するにはどうすればよいのか、そもそも外国語に移すとはどういうことなのか、ドイツ語界の泰斗、関口存男の言語観や人間観をも垣間見ることのできる一冊です。
ドイツ語がわかり始めた方にはもちろん、長くドイツ語に取り組んでいる方にとっても多くの発見があるのではないでしょうか。

2018年4月から一年にわたり、東京・外苑前にあるGLOCAL CAFE 青山にて、関口存男の魅力を紹介する「存在の男」展を開催しました。その記録を一部ウェブサイト上で公開しています。ぜひ一度ご覧ください。

https://www.sanshusha.co.jp/sekiguchi/

「存在の男」展
Der Mann des Wesens

第1弾　2018年4月〜6月　関口存男と三修社
Tsugio Sekiguchi und der Sanshusha Verlag

ドイツ語界の泰斗として名を馳せる関口存男。彼の愛用品、手書き原稿、そして自身で描いた雑誌や参考書用のイラスト・カットの原画などを展示し、三修社との関わりを紹介しました。

第2弾　2018年7月〜9月　関口存男と演劇
Tsugio Sekiguchi und seine dramaturgischen Aktivitäten

関口存男は「踏路社」という劇団の創立メンバーの一人でありました。「関口存男から見た演劇」、「関口存男がかかわった演劇」そして「関口存男にとっての演劇」に焦点をあて、自作の台本、演劇に関する著作、戯曲の翻訳などを展示しました。

第3弾　2018年10月〜12月　関口存男と社会活動
Tsugio Sekiguchi und sein Beitrag zur Gesellschaft

昭和20年3月、社会活動家の勝野金政と、日光書院（出版社）社長でもある社会学者の米林富男とともに、関口存男とその家族は長野県妻籠（現在の南木曾町）に疎開しました。疎開先の青年たちへの演劇指導や勉強会などの社会活動について紹介しました。

第4弾　2019年1月〜3月　家庭人としての関口存男
Tsugio Sekiguchi im Kreis der Familie

彼は幼い頃に姉と弟を亡くし、自身の四女を11歳で失い、その後生まれた孫も若くして亡くすという経験をしています。息子として、夫として、父として、祖父として…、関口存男の知られざる素顔を、書簡や愛用品、数々の写真を縁（よすが）に紹介しました。